LE
VADE-MECUM

DU NOTARIAT

édité par l'OFFICE GÉNÉALOGIQUE

14, rue Favart, PARIS, (2e arrond')

ET OFFERT

GRATUITEMENT PAR LUI A SES NOMBREUX CORRESPONDANTS

SOMMAIRE :

LEVALLOIS-PERRET

Imprimerie SCHNEIDER Frères et MARY

18 bis, Rue Raspail

CONCORDANCE ENTRE LES CALENDRIERS GRÉGORIEN ET RÉPUBLICAIN

Vendémiaire correspond à septembre.		An 2. 1792	An 3. 1794	An 4. 1795	Aa 5. 1796	An 6. 1797	An 7. 1798	An 8. 1799	An 9. 1800	An 10. 1801	An 11. 1802	An 12. 1803	An 13. 1804	An 14. 1805
Vendémiaire	1er	22 sep.	22 sep.	23 sep.	22 sep.	22 sep.	22 sep.	23 sep.	23 sep.	23 sep.	23 sep.	24 sep.	23 sep.	23 sep.
Brumaire	1er	22 oct.	22 oct.	24 oct.	22 oct.	22 oct.	22 oct.	23 oct.	23 oct.	23 oct.	23 oct.	24 oct.	23 oct.	23 oct.
Frimaire	1er	21 nov.	21 nov.	22 nov.	22 nov.	21 nov.	21 nov.	22 nov.	22 nov.	22 nov.	22 nov.	23 nov.	22 nov.	22 nov.
Nivôse	1er	21 déc.	21 déc.	22 déc.	22 déc.	21 déc.	22 déc.	22 déc.	22 déc.	22 déc.	22 déc.	23 déc.	22 déc.	22 déc.

Pluviôse correspond à janvier.		An 2. 1794	An 3. 1795	An 4. 1796	An 5. 1797	An 6. 1798	An 7. 1799	An 8. 1800	An 9. 1801	An 10. 1802	An 11. 1803	An 12. 1804	An 13. 1805
Pluviôse	1er	20 jan.	20 jan.	21 jan.	20 jan.	20 jan.	20 jan.	21 jan.	22 jan.	21 jan.	21 jan.	22 jan.	21 jan.
Ventôse	1er	19 fév.	19 fév.	20 fév.	19 fév.	19 fév.	19 fév.	22 fév.	22 fév.	20 fév.	20 fév.	21 fév.	20 fév.
Germinal	1er	21 mar	21 mar	21 mar	21 mar	21 mar	21 mar	22 mar	22 mar	22 mar	22 mar	22 mar	22 mar
Floréal	1er	20 avr.	20 avr.	20 avr.	20 avr.	20 avr.	21 avr.	21 avr.	21 avr.	21 avr.	21 avr.	21 avr.	21 avr.
Prairial	1er	20 mai	20 mai	20 mai	20 mai	20 mai	20 mai	21 mai	21 mai	21 mai	21 mai	21 mai	21 mai
Messidor	1er	9 juin	19 juin	19 juin	19 juin	19 juin	19 juin	20 juin	20 juin	20 juin	20 juin	20 juin	20 juin
Thermidor	1er	19 juil.	19 juil.	19 juil.	19 juil.	19 juil.	19 juil.	20 juil.	20 juil.	20 juil.	20 juil.	20 juil.	20 juil.
Fructidor	1er	18 août	18 août	18 août	18 août	18 août	18 août	19 août	19 août	19 août	19 août	19 août	19 août

Direction de l'Office Généalogique

14, Rue Favart, PARIS (2ᵉ Arrond^t)

TÉLÉPHONE 241,50

Monsieur et Cher Correspondant,

Lorsque furent promulgués les décrets des 25 août, 1ᵉʳ, 3, 4 et 5 septembre 1898, complétant la loi du 20 juin 1896, et réglant les tarifs régionaux des notaires par ressort de Cour d'Appel, nous avions fait éditer à nos frais un tableau comparé de tous ces tarifs et nous en avions adressé un exemplaire à chacun de nos 5 000 correspondants.

Cette publication obtint un réel et légitime succès ; beaucoup d'officiers ministériels, en ayant eu connaissance, nous en demandèrent des exemplaires que nous nous empressâmes de leur envoyer, et entrèrent, à la faveur de cette circonstance, en relations suivies avec notre maison. Cette édition est depuis longtemps épuisée. Aujourd'hui un événement important vient de se produire ; la vieille loi sur le régime fiscal des successions, qui datait de l'an VII, vient d'être remplacée par la loi du 25 février 1901 qui a bouleversé toutes les données établies en la matière.

Nous avons donc pensé être agréables à la masse de nos correspondants en rééditant les tarifs des notaires de 1898, augmentés du tarif des droits et amendes en matière d'enregistrement.

Et ce même opuscule contient la nouvelle loi sur les successions, avec un bref commentaire.

Nous vous adressons ci-inclus un exemplaire de cette nouvelle publication, et sommes à la disposition de tous ceux qui, dans vos relations, désireraient en avoir un aussi ; on n'aura qu'à nous en faire la demande par lettre ou carte postale, en indiquant très exactement ses nom, qualité et adresse.

L'OFFICE GÉNÉALOGIQUE a son siège, 14, rue Favart, Paris (2ᵉ arr.)

En retour, nous vous prions de bien vouloir lire attentivement le court exposé ci-après; il vous initiera au fonctionnement de notre maison, et **si une affaire rentrant dans le cadre de nos opérations se présentait dans votre région et venait à votre connaissance, nous serons très heureux si vous voulez bien nous la signaler** *en vous conformant aux instructions qui suivent;* **NOUS Y TROUVERONS TOUS PROFIT SÉRIEUX.**

Dans cet espoir, je vous prie de croire, mon cher Maître, à mes sentiments les plus dévoués.

O. Z. MIALLON

Ancien principal clerc de notaire.
Ancien greffier de pais.

Note Importante. — Lors de notre envoi de la brochure contenant les tarifs, un certain nombre d'exemplaires ne sont pas parvenus à leurs destinataires. Nous serions donc très reconnaissants à ceux qui recevront le présent imprimé de bien vouloir nous en accuser réception, ne serait-ce que par l'envoi de leur carte sous bande affranchie à un centime.

OFFICE GÉNÉALOGIQUE

EXPOSÉ ET INSTRUCTIONS

L'office Généalogique, *seul de son titre*, a été fondé à Paris en 1882-84, son siège social est, depuis plusieurs années *rue Favart, n° 14*, 2° arrondissement.

Il n'a aucune surccursale en province ni à l'Etranger, et il n'a rien de commun avec les cabinets, études, *archives et revues généalogiques* existant à Paris, en concurrence avec lui. Ses directeurs sont MM. Miallon, Draguet et Millet, le premier ancien principal clerc de notaire, et ancien greffier de paix, le second ancien principal clerc de notaire à Paris, le troisième, ancien notaire de la banlieue de Paris.

MM. Miallon, Draguet et Millet se sont adjoints comme collaborateur un ancien notaire, et un ancien principal clerc de notaire, ayant 25 ans d'exercice dans une grande ville de provi... .

C'est dire que le personnel agissant de la maison se compose d'hommes actifs, expérimentés, ayant fait depuis longtemps la preuve de leurs capacités et de leur correction en affaires, que donc, sans faire, comme certains, un étalage pompeux de notre organisation et de nos moyens d'action, nous sommes parfaitement outillés pour mener à bien, avec tout le soin et la célérité désirables, les recherches que l'on voudra bien nous confier, *à condition que les indications préliminaires nous soient données très clairement et sans retard.*

CHAPITRE Ier. — Objet de l'Office Généalogique.

L'objet *unique* et *exclusif* de l'Office Généalogique est la *recherche des héritiers absents ou inconnus* dans les successions récemment ouvertes, et incidemment, s'il y a lieu, la *revendications de successions* indûment appréhendées depuis moins de trente ans.

C'est surtout en matière de dévolution de droits héréditaires que le rôle du généalogiste est utile ; il empêche souvent, en effet, par son intervention et ses travaux, que des successions, ou partie de celles-ci, soient attribuées à certains héritiers au détriment de ceux plus proches dont on ignorait l'existence ou la résidence, et qu'il sait découvrir. Sa mission est toute philantropique, et tout en rendant service à nombre de gens qui, sans lui, n'auraient jamais connu le droit ouvert à leur profit et en auraient été écartés, il assure en même temps à ses collaborateurs et à lui-même une rémunération toujours très convenable.

Nous ne révélons, en effet, leur droit héréditaire aux intéressés que nous découvrons, que contre l'abandon à notre profit d'une part déterminée de la succession que nous allons les mettre à même d'appréhender.

Cette cession et ce transport de droits nous sont consentis par traité spécial et régulier, en même temps que nous opérons notre révélation.

Cette question d'honoraires dus aux généalogistes en l'espèce, a été maintes fois soumise à l'appréciation de divers Tribunaux et Cours d'appel, notamment à Paris, Lyon, Marseille, Bordeaux, Rouen, Montauban, etc. Les jugements et arrêts ont été en général, favorables. La Cour de cassation a aussi tranché souverainement la question dans le même sens, par plusieurs arrêts successifs. Donc, le rôle du généalogiste a été légalement reconnu comme correct et utile, et constituant un véritable intérêt public.

Les personnes qui nous apporteront leurs concours feront donc œuvre sérieuse et utile, dont elles n'auront jamais à redouter d'être blâmées.

CHAPITRE III. — Nature de nos opérations.

Notre intervention est indiquée dans un assez grand nombre de cas; nous allons résumer les plus intéressants :

§ Ier. — **Les successions vacantes.** — Elles présentent rarement matière à opérations fructueuses, car en général, lorsqu'une succession a été déclarée vacante, c'est que le *de cujus* était enfant naturel non reconnu, ou bien que le passif de la succession égalant ou dépassant son actif, les héritiers du sang l'ont répudiée (v. art. 811 et suiv. Code civil).

Il sera bon cependant de nous signaler les quelques exceptions qui pourraient se produire.

§ II. — **Successions en déshérence.** — Les successions en déshérence, faute de tous héritiers connus, exigent un concours de circonstances qui les rendent relativement assez rares. Pour qu'elles se produisent, il faut en effet que le *de cujus* ait quitté depuis longtemps son lieu d'origine; qu'il ait rompu toutes relations avec les siens, et qu'il ne se soit pas refait une nouvelle famille dans le lieu où il vient à décéder, ou bien que, s'y étant marié, son conjoint soit mort avant lui, ou qu'aucun enfant ne soit né de leur union ou ne survive.

Néanmoins, lorsque ce cas se présente, il est très intéressant, car nous avons alors à rechercher tous les successibles dans les deux lignes, et à prélever par suite notre émolument sur la totalité de la succession.

§ III. **Successions collatérales dans lesquelles une ligne est totalement inconnue.** — Ce cas est certainement appelé à se produire le plus fréquemment, et *nous appelons sur lui votre attention spéciale*.

On sait, en effet que lorsque le *de cujus* n'a laissé ni descendants directs, ni héritiers à réserve, sa succession va aux collatéraux, et qu'en ce cas elle doit se diviser en deux parts égales, l'une pour les parents les plus rapprochés du père, et l'autre pour les parents les plus proches de la mère du *de cujus* (art. 731 et suiv. du Code civil).

Or, il arrive assez fréquemment qu'une de ces deux lignes manque, parce que l'un des auteurs du *de cujus* est venu d'une contrée éloignée se fixer dans le pays, qu'alors le rattachement à l'auteur commun dans l'une des lignes doit se faire au loin, et que les ayants droit de cette ligne sont inconnus.

Alors on ne connaît, comme parents du *de cujus*, que des cousins représentant la ligne originaire du pays et habitant le lieu du décès ou la contrée, **lesquels n'ont droit qu'à la moitié de la succession.** En ce cas, principalement, notre intervention est utile, et rend de réels services; en effet, si nous sommes avisés, avec nos ressources spéciales et notre expérience professionnelle, nous retrouvons à peu près toujours les héritiers inconnus, car nous reconstituons complètement la généalogie de la famille du défunt et découvrons ainsi ceux qui ont droit à l'autre moitié de la succession et qui, sans nous, auraient été éliminés au profit de la ligne présente, conformément à l'art. 755 du Code civil.

§ IV. — Successions collatérales dans lesquelles il manque une partie des héritiers, soit dans une ligne, soit dans les deux à la fois.

Il peut arriver aussi qu'en matière collatérale les deux lignes paternelle et maternelle soient représentées par des héritiers, mais il peut y avoir dans une ligne une branche inconnue dont il y a lieu de rechercher les descendants qui arriveraient en concurrence avec les héritiers présents. Il y a donc lieu de rechercher cette branche disparue.

§ V. — Successions ouvertes dans lesquelles il ne se présente que des collatéraux éloignés (6ᵉ degré et au-delà).

Il faut toujours nous signaler ces cas, **lorsque la succession a une certaine importance** car il arrive assez fréquemment qu'en reconstituant la généalogie du *de cujus*, nous retrouvons, loin du lieu de décès, des collatéraux plus rapprochés en degrés que ceux qui revendiquent, et qui excluent ces derniers ou tout au moins qui arrivent avec eux à degré égal.

Ce fait se produit lorsque des oncles ou tantes, grands-oncles ou grands-tantes du *de cujus* ont quitté depuis longtemps la contrée pour se fixer dans une autre région où ils ont fait souche; presque toujours l'existence de ces derniers est ignorée au lieu d'ouverture de la succession; il faut donc notre intervention pour les découvrir.

§ VI. — Legs universels ou particuliers, fait par testa-

ment authentique ou privé, dont les bénéficiaires sont absents ou disparus lors du décès du Testateur.

§ VII. — **Nu-propriétaire que l'on ne retrouve plus lors du décès de l'usufruitier.**

Ces deux catégories d'opérations rentrent tellement dans le domaine des actes courants que nous croyons superflu d'entrer à leur sujet dans les moindres détails.

§ VIII. — **Successions déjà appréhendées depuis moins de 30 ans mais dont tout ou partie pourrait être revendiqué par des héritiers qui se croiraient, soit à degré égal avec les détenteurs, soit plus proches qu'eux.**

Cette situation est la conséquence des cas cités dans les paragraphes III, IV et V ci-dessus.

Lorsqu'ils viendront à la connaissance de nos correspondants, ils feront bien de nous en aviser, et nous leur donnerons toutes instructions nécessaires pour qu'ils puissent vérifier auprès des intéressés si l'affaire est sérieuse, et en ce dernier cas, nous nous chargerions à forfait, à nos frais et risques personnels, de la revendication mais alors moyennant 50 o/o, tous frais à notre charge.

§ IX. — **Réglement des communautés légales ou réduites aux acquêts, après le décès du premier mourant des époux soumis à ce régime.**

Il arrive souvent que l'un des époux décède sans héritiers connus, et laissant pour toute fortune sa part dans la communauté.

Dans ce cas, qu'il existe ou non une donation à son profit, l'époux survivant conserve, la plupart du temps, tout l'actif de la communauté, *surtout lorsque les parents de l'époux décédé sont absents ou inconnus.*

Ceci est absolument irrégulier : il y a lieu de rechercher ces héritiers, qui ont droit à la moitié de la communauté, sauf les réserves provisoires formulées au profit de l'époux survivant par la loi de 1891.

En général, lorsqu'un notaire se trouve en présence d'un des cas énoncés dans les 9 paragraphes qui précèdent, il fait bien quelques recherches en faveur des ayant-droits inconnus, il insère même des avis dans les journaux; ce dernier moyen est bon lorsqu'il s'agit de retrouver des enfants, des frères, sœurs, oncles, tantes c'est-à-dire des héritiers très rapprochés; dans le cas contraire, il n'a pour résultat que de susciter les compétitions d'homonyme du de cujus, n'ayant de commun avec lui que leur similitude de nom; quant aux véritables ayants-droit, qui presque toujours ignorent leur lien de parenté avec le de cujus, et même l'existence de ce dernier, ces avis ne les touchent pas.

Et si, par hasard, après des recherches et des frais parfois importants, le notaire finit par découvrir des héritiers qui ignoraient le droit, dont sans lui ils auraient été frustrés, ceux-ci, se figurant qu'il n'a fait qu'accomplir son devoir strict, ne lui savent aucun gré, et lui marchandent même parfois les modestes honoraires qu'il est en droit de leur demander pour le service rendu.

Donc, le notaire ayant à faire de ce genre de recherches, a tout intérêt à s'adresser à nous, *si elles présentent des difficultés ; il sera ainsi certain d'avoir sous la main les véritables héritiers et de faire une liquidation irréprochable, sans exposer lui-même ni temps, ni argent.*

Les greffiers de paix qui, dans la plupart des cas, sont appelés à apposer les scellés, peuvent aussi nous renseigner promptement et utilement, il leur est facile de faire une enquête immédiate qui leur permettra de nous aviser sans aucun retard.

Enfin, *les secrétaires de Mairie*, qui reçoivent les déclarations de décès et qui, surtout dans les campagnes et les villes de moyenne importance, connaissent parfaitement les familles, pourront être pour nous de précieux auxiliaires.

Nous comptons sur les uns et les autres pour nous écrire chaque fois que l'occasion s'en présentera.

Chapitre III. **Rôle de nos correspondants.**

Le rôle de nos correspondants est fort simple et très limité ; ils n'ont, en effet, qu'à surveiller les cas intéressants *et à nous les signaler de suite*, en nous fournissant, autant que possible, les renseignements ci-après :

1° Nom et prénoms exacts du *de cujus ;*
2° Noms et prénoms de ses père et mère;
3° Lieu et date de sa naissance;
4° Lieu et date de son décès;

(*Ces renseignements sont contenus d'ordinaire dans la déclaration de décès.*)

5° Si c'est possible, lieu de mariage *des auteurs du de cujus ;*
6° Evaluation approximative de la succession;
7° Si le *de cujus* n'est pas présumé avoir fait de testament dépouillant complètement les successibles du sang.

On pourra recueillir ces trois derniers détails dans l'entourage et les relations du défunt, *mais en agissant très discrètement et sans laisser deviner ni soupçonner le but de cette enquête. Ils nous seront très utiles.*

Ceci fait, ils devront nous transmettre leur avis *sans perdre un instant*, et là se borne leur mission ; ils n'auront qu'à attendre le résultat de nos travaux pour recueillir des émoluments parfois très importants (nous avons payé à certains correspondants des remises qui se sont élevées, respectivement à 22,000, 19,000, 14,600 12,000 francs, et de nombreuses allocations allant de ce dernier chiffre au minimum de 350 francs).

Chapitre IV. **Remise faite à nos correspondants.**

Nous allouons au correspondant qui nous a, le premier, signalé une affaire, 20 pour cent des honoraires nets qui nous sont attribués. Cette remise lui est acquise et payée aussitôt que nous avons nous-mêmes encaissé.

La moindre affaire donne à nos correspondants 2 ou 300 francs d'émoluments, car, par suite de frais importants que chaque recherche entraîne, *nous ne pouvons nous occuper de successions dont l'actif net serait inférieur* à **4 ou 5,000 francs**, pour la part revenant aux héritiers à rechercher.

Dès qu'une affaire nous est signalée, nous en accusons réception, et confirmons en même temps l'allocation de 20 pour cent ci-dessus stipulée.

Si une affaire ne nous paraît pas susceptible d'être suivie *nous remboursons toujours les frais de poste*, par retour du courrier.

Si nous suivons, nous adressons dans notre accusé de réception à notre correspondant *deux francs pour ses frais d'enquête et de poste.*

Si l'affaire nous est signalée *dans les 48 heures* qui suivront le décès ou l'apposition des scellés et si elle est suivie, cette allocation sera portée à **10 francs aussi payables de suite.**

Chapitre V. **Notre manière d'opérer.**

Vous connaissez sans doute déjà la manière de procéder de notre maison ; en voici d'ailleurs un nouvel exposé succinct :

Les recherches qui nous sont confiées sont faites *à nos frais et risques exclusifs ;* en cas d'insuccès, nous n'avons *rien à réclamer* à personne pour frais, ni honoraires, ni pour toute autre cause.

Lorsqu'elles aboutissent (c'est le résultat ordinaire), nous révélons aux ayants-droit par nous découverts le droit héréditaire qu'ils ignoraient, et en échange ils concluent avec nous un traité dit « de révélation » par lequel ils nous abandonnent une part de l'émolument qu'ils auront à recueillir.

Cette part est ordinairement du tiers de toutes les sommes nettes qui reviennent aux héritiers avec lesquels nous avons traité.

De cette allocation, nous prélevons les frais que nous avons exposés, *et la remise de 20 o/o faite au correspondant qui nous a signalé le premier l'affaire est calculée sur le reliquat net.*

De cette manière, nos accords avec lui sont très précis, et il peut vérifier si la remise que nous lui payons est bien conforme à ce qui lui est dû.

Si vous voulez bien comparer notre manière de faire à celle de certaines maisons, qui promettent *une large part de leurs honoraires*, mais sans jamais préciser, vous estimerez, je pense, que vous avez tout intérêt à nous réserver la préférence de vos communications éventuelles.

OBSERVATION IMPORTANTE

Certains de nos correspondants, surtout parmi les secrétaires de l'Etat-Civil, ont sur nos conseils, adopté une mesure très pratique, et qui donne les meilleurs résultats.

Ils consacrent leurs heures inoccupées à consulter les listes électorales, ou mieux encore, les tableaux de recensement ; ils y relèvent les noms des habitants âgés, célibataires ou veufs, qui ont une certaine aisance et auxquels on ne connaît *ni enfants, ni neveux, ni nièces*, ni parents collatéraux rapprochés; ceux, en un mot qui paraissent rentrer dans la catégorie de nos clients futurs.

Ils font alors dans l'entourage de ces personnes, et au besoin adroitement auprès d'elles-mêmes, une enquête discrète sur la situation de leur famille, et s'ils constatent qu'au moment de leur décès, il y aura lieu à recherche totale ou partielle d'héritiers, ils nous signalent confidentiellement le fait, et nous leur indiquons de suite les mesures et précautions à prendre. Ce système nous permet de mettre la personne en observation, et lorsque le décès se produit, nous avons tous les détails nécessaires pour marcher sans hésiter, et, nous arrivons à retrouver, avant tous nos concurrents, les ayants-droits inconnus, et à nous assurer la révélation et par suite le bénéfice de notre découverte.

RÉSUMÉ

Pour conclure, nous dirons à nos correspondants :

Lorsqu'une affaire sera susceptible de nous être signalée ne perdez ni un jour, ni une heure pour le faire, que votre avis contienne bien toutes les *indications demandées par le chapitre III qui précède;* si l'affaire est assez importante, ne craignez pas d'employer le télégraphe et même le téléphone (notre n° est 241-50), *nous vous rembourserons largement tous vos frais;* la concurrence est devenue aujourd'hui excessive, et pour arriver bon premier, il faut agir vite et bien : il faut surtout nous renseigner exactement.

Les recherches généalogiques ne sont pas fréquentes, surtout dans les cantons ruraux; n'importe, surveillez strictement et sans vous décourager, et une affaire, intelligemment signalée, suffira souvent pour vous récompenser de longs mois de vigilance infatigable.

La discrétion la plus absolue est acquise à toutes les communications que vous nous ferez ; si vous le désirez même, vos lettres vous seront retournées; *mais en aucun cas votre nom ne sera mis en avant ou votre personnalité démasquée.*

Les communications que vous pourrez d'ailleurs nous faire sont très licites, et ne sauraient soulever aucun scrupule professionnel ni entraîner aucune responsabilité personnelle ou pécunaire.

L'OFFICE GÉNÉALOGIQUE est dirigé par Miallon, Draguet et Millet.

LOIS ET DÉCRETS RÉGLANT LES TARIFS DES NOTAIRES

Loi du 20 Juin 1896. — ARTICLE 1er. Il sera dressé, au moyen des règlements d'administration publique, par ressort de Cour d'appel, le département de la Seine excepté, un tarif des honoraires, vacations, frais de rôles et de voyages et autres droits qui peuvent être dus aux notaires à l'occasion des actes de leur ministère.

Il sera dressé, en la forme indiquée au paragraphe 1er, un tarif spécial pour les notaires du département de la Seine.

Ces divers tarifs pourront faire l'objet de décrets successifs.

2. Pour les actes qui n'auraient pas été compris dans le tarif, les frais seront, à défaut de règlement amiable entre les parties, taxés par le président du tribunal de la résidence du notaire.

3. Toutes dispositions contraires aux décrets qui seront rendus en exécution de la présente loi seront abrogées à partir de la promulgation de ces décrets.

Décrets du 25 Août 1898, promulguant les tarifs régionaux par ressort de Cour d'appel. — *Dispositions communes.* — ART. 1er. Les honoraires, vacations, frais de rôles et de voyages et autres droits qui peuvent être dus aux notaires à l'occasion des actes de leur ministère sont fixés, pour le ressort de la Cour d'appel de....., conformément au tarif ci-après :

2. L'honoraire tarifé d'un acte comprend l'émolument de tous les soins, conseils, consultations, conférences, examens de pièces, projets et autres travaux relatifs à la rédaction de l'acte.

3. Les dispositions du présent tarif ne sont point exclusives des émoluments qui peuvent être réclamés par les notaires, soit pour des travaux autres que la rédaction des actes, soit pour des missions dont ils seraient chargés à titre exceptionnel, et qui n'auraient rien d'incompatible avec la nature et la dignité de leur ministère.

Ces émoluments sont réglés à l'amiable sous le contrôle de la chambre de discipline.

Les notaires ne peuvent percevoir aucun droit de recette et de comptabilité pour l'encaissement et la garde des fonds et valeurs déposés en conséquence ou pour l'exécution directe d'un acte de vente ou d'emprunt passé dans leur étude.

4. Il est interdit aux notaires, sous peine de restitution et de poursuites disciplinaires, s'il y a lieu, d'exiger des droits et honoraires plus élevés que ceux portés au tarif.

Les notaires peuvent faire remise de la totalité des honoraires d'un acte; ils ne peuvent en accorder la remise partielle qu'avec l'autorisation de la chambre de discipline.

5. Aucun honoraire n'est dû pour l'acte, la copie ou l'extrait déclarés nuls par la faute du notaire.

6. Lorsqu'un acte contient plusieurs conventions dérivant ou dépendant les unes des autres, il n'est perçu d'honoraires que sur la convention principale.

Si les conventions sont indépendantes et donnent lieu à des droits distincts d'enregistrement, l'honoraire est dû pour chacune d'elles.

7. Les actes dressés sur projets présentés par les parties donnent droit aux mêmes honoraires que s'ils sont rédigés par le notaire lui-même.

8. Les notaires doivent réclamer la consignation des frais qu'ils auront à débourser pour les actes qu'ils sont chargés de dresser.

9. Avant tout règlement, les parties peuvent réclamer le compte détaillé des sommes dont elles sont redevables.

Ce compte est établi sur deux colonnes, l'une destinée aux déboursés, et l'autre aux honoraires; il n'est délivré qu'une fois.

10. Le concours d'un second notaire à un même acte n'en augmente pas l'honoraire. Toutefois, si l'acte est rétribué par vacations, il est dû des vacations à chaque notaire instrumentant.

11. Il est interdit aux notaires de partager leurs honoraires avec un tiers.

Entre notaires, si le règlement intérieur de la compagnie n'en dispose autrement, le partage se fait de la manière suivante : le notaire qui garde la minute a droit à la moitié de l'honoraire, et le notaire en second à l'autre moitié; les droits de rôle appartiennent exclusivement au notaire détenteur de la minute.

12. Le notaire constitué dépositaire des minutes d'une étude vacante par décès a droit à la moitié de tous les honoraires d'actes ou d'expéditions. L'autre moitié revient aux représentants du notaire décédé, qui sont tenus de supporter les frais d'étude.

En cas de démission, suspension ou destitution, le notaire commis a droit à tous les produits nets de l'office.

13. Il est alloué aux notaires, suivant la nature des actes compris dans le tarif, des honoraires fixes ou gradués, des honoraires proportionnels, des vacations ou des honoraires par rôles de minute.

En outre, il leur est alloué des droits de rôles pour les expéditions qui leur sont réclamées (1).

14. L'honoraire proportionnel est perçu sur le capital énoncé dans les actes. Lorsqu'il porte sur des sommes excédant 100 francs, le calcul se fait sans fraction et par somme ronde de 20 francs en 20 francs.

15. Dans les contrats ayant pour objet des prestations en nature, l'honoraire est calculé d'après l'évaluation faite pour la perception du droit d'enregistrement.

Lorsque la valeur de l'immeuble n'est pas exprimée dans l'acte, elle est obtenue en multipliant le revenu annuel par 25 pour les immeubles ruraux et par 20 pour les immeubles urbains.

16. L'usufruit et la nue propriété sont respectivement évalués à la moitié de la valeur de la propriété.

Toutefois, la donation avec réserve d'usufruit au profit du donateur donne droit au même honoraire que celle qui porte sur la propriété.

17. L'honoraire alloué à l'occasion d'un testament ou de dispositions dont l'exécution est subordonnée au décès est calculé sur l'actif net que reçoit le bénéficiaire.

Si celui-ci a droit à une réserve, il n'est rien dû sur ce qu'il recueille à ce titre.

18. L'honoraire n'est perçu qu'une fois sur les valeurs qui figurent dans plusieurs opérations successives comprises dans un même acte de liquidation.

19. Pour les actes relatifs à des biens ou droits dont la valeur n'excède pas 500 francs, quelle que soit la longueur de l'expédition, le notaire ne peut avoir droit qu'à l'émolument de deux rôles.

20. Il est alloué aux notaires par vacation de trois heures, 8 francs au chef-lieu de la Cour d'appel et dans les villes dont la population excède 30,000 âmes; 6 francs partout ailleurs.

La première vacation commencée est due en entier. Les autres se payent en proportion du temps écoulé.

Les actes rétribués par vacations constatent l'heure du commencement et celle de la fin des opérations, ainsi que les interruptions. Dans le cas où il est dû des frais de voyage, le temps employé au voyage ne compte pas dans le calcul des vacations.

21. L'honoraire par rôle de minute est de 5 francs par rôle de trente-cinq lignes à la page et de vingt syllabes à la ligne.

---

(1) Le tarif du département de la Seine porte l'addition suivante :
f Toutefois, pour les actes rémunérés par un honoraire proportionnel, le droit de rôle n'est pas dû sur la première expédition requise.

L'OFFICE GÉNÉALOGIQUE a son siège, 14, rue Favart, Paris (2e arr.)

Toutefois, pour les cahiers des charges des ventes judiciaires, il est seulement de 3 francs par rôle.

Les honoraires par rôle de copie de vingt-cinq lignes à la page, de quinze syllabes à la ligne, sont fixés :

A 3 francs pour les expéditions et les grosses au chef-lieu de la Cour d'appel et dans les villes dont la population excède 30,000 âmes ; à 2 francs partout ailleurs ;

A 3 francs pour les extraits analytiques.

A 75 centimes pour les expéditions dont le coût est à la charge de l'État, des établissements de bienfaisance et d'assistance et des bénéficiaires de la loi sur les habitations à bon marché ;

Et à 50 centimes pour les expéditions dont le coût est à la charge de l'administration de l'Enregistrement.

Les copies collationnées donnent lieu à un droit fixe de 5 francs en sus des droits des rôles.

Le rôle commencé est dû en entier, s'il est seul ; par fraction non inférieure à la moitié, s'il y a plusieurs rôles.

22. Lorsque le notaire est obligé de se transporter dans une localité éloignée de plus de 2 kilomètres de sa résidence, il perçoit pour frais de voyage, par kilomètre parcouru, en allant et revenant :

1° 20 centimes si le transport a été effectué en chemin de fer ;

2° 40 centimes si le transport a eu lieu autrement.

Si le déplacement exige plus d'une journée, il est alloué, en outre, 10 francs par journée.

Tout voyage requis la nuit est payé double.

Il n'est alloué qu'un seul droit de transport pour la totalité des actes que le notaire aura faits dans un même déplacement.

23. Tous actes, quelle que soit leur nature, ayant pour objet le mariage des indigents, le retrait de leurs enfants des hospices et la reconnaissance de leurs enfants naturels, sont reçus gratuitement par les notaires, sur la production par les parties intéressées du certificat prévu par l'article 6 de la loi du 10 septembre 1850.

La gratuité s'applique même aux frais de voyage.

Il en est de même des actes reçus dans l'intérêt des personnes qui ont obtenu le bénéfice de l'assistance judiciaire lorsqu'ils sont passés à l'occasion ou en exécution des instances dans lesquelles elles ont figuré, mais seulement dans le cas où ils doivent être visés pour timbre et enregistrés en débet.

Lorsqu'il s'agit des actes compris au paragraphe précédent, les honoraires des notaires peuvent être recouvrés ultérieurement dans les conditions et les formes prévues par la loi du 22 janvier 1851.

24. Les notaires doivent tenir dans leur étude, à la disposition de toute personne qui en fera la demande, un exemplaire du tarif fixant leurs honoraires.

NOTA. — Nous recommandons à votre bienveillante attention les Pages 1 à 9 du présent opuscule ; leur lecture vous permettra d'apprécier les avantages très sérieux de votre mise en rapport avec nous, lorsque le cas se présentera. (Note de l'Office généalogique).

L'OFFICE GÉNÉALOGIQUE ne demande jamais aucune provision.

TARIF DES NOTAIRES

Comprenant les 27 Tarifs régionaux promulgués les 1er, 2, 3, 4 et 5 septembre 1898 ainsi que ceux de la Seine et de l'Algérie.

Abandon de biens par un héritier bénéficiaire. (Art. 802 C. civ. — Moitié des honoraires perçus en matière de vente. — Tous les tarifs.
Minimum : 5 fr. — Tous les tarifs, sauf celui de la Seine et d'Alger qui sont sans minimum.

Abandon des biens d'une substitution (Art. 1053 C. civ.)
A titre onéreux : Honoraires comme en matière de vente.—Tous les tarifs.
A titre gratuit : Moitié des honoraires perçus en matière de donation.— Tous les tarifs.
Minimum : Limoges, Lyon, Montpellier, Nîmes, Paris : 5 fr.; les autres tarifs 6 fr.; Agen, Besançon, Seine, Alger : sans minimum.

Abandon d'immeubles grevés de servitude. (Art. 699 C. civil).—*Unilatéral :* Aix, Caen, Chambéry, Grenoble, Lyon, Nîmes, Orléans : 5 fr.; Alger, Riom : 8 fr.; Seine : 9 fr.; les autres tarifs : 6 fr.
Conventionnel : Honoraires comme en matière de vente.—Tous les tarifs.
Minimum : Agen, Amiens, Angers : 6 fr.; les autres tarifs : 5 fr.; Seine, Alger, sans minimum.

Abandon de la quotité disponible. (Art. 917, C. civ.) Par acte séparé.
— *Unilatéral :* Alger, Riom, Toulouse : 8 fr.; Seine : 9 fr.; les autres tarifs 6 fr.
Accepté : Honoraires comme en matière de délivrance de legs. — Tous les tarifs.

Acceptation d'abandon. (Par acte séparé. — *En brevet :* Seine : 4 fr. 50; les autres tarifs : 4 fr.
En minute : Seine : 9 fr.; Alger, Toulouse : 8 fr.; les autres tarifs : 6 fr. 2 fr. en plus par chaque créancier intervenant dans le même acte en sus du premier. — Tous les tarifs.

Acceptation de cession, de communauté, de délégation, de legs, de nantissement, de succession et toutes les acceptations autres que celles qui seront nommément tarifées. (Par acte séparé.) — *En brevet :* Seine : 4 fr. 50; les autres tarifs : 4 fr.
En minute : Seine : 9 fr.; Alger, Toulouse : 8 fr.; les autres tarifs : 6 fr.

Acceptation de lettre de change ou autre valeur commerciale. — Agen, Amiens, Bastia, Besançon, Bordeaux, Bourges, Caen, Dijon, Douai, Lyon, Montpellier, Orléans, Paris, Pau, Riom, Rouen : 4 fr.; Aix, Chambéry, Grenoble, Nîmes Rennes : 6 fr.
Poitiers : 0.125 0/0, minimum 2 fr.
Toulouse : 0.125 0/0, minimum 3 fr.
Angers, Nancy : 0.25 0/0, minimum 2 fr.
Limoges : 0.25 0/0, minimum 3 fr.
Seine : 0.25 0/0, sans minimum, Alger : 0.25 0/0 de 1 à 200,000 ; 0.125 0/0 au-dessus ;

Acceptation d'emploi (Par acte séparé). — A. *Lorsque l'emploi ou le remploi a été fait au moyen d'un achat ou d'un placement ayant donné lieu à un honoraire proportionnel dans l'étude :* Alger, Pau, Riom, Toulouse : 8 fr.; Seine : 9 fr.; les autres tarifs : 6 fr.
B. *Dans les cas contraires :* Tous les tarifs 0.25 0/0, sauf celui de la Seine qui est de 0.25 0/0 de 1 à 800,000 fr. et 0.125 0/0 au-dessus. Alger de même jusqu'à 200.000.
Minimum : Poitiers : 4 fr.; Agen, Amiens, Bastia, Bourges, Caen, Dijon, Douai, Limoges, Montpellier, Nancy, Nîmes, Orléans, Paris, Pau, Riom, Rouen : 5 fr.; Aix, Angers, Besançon, Bordeaux, Chambéry, Grenoble, Lyon, Rennes : 6 fr.; Toulouse : 8 fr.; Alger, Seine : sans minimum.

Acquiescement pur et simple (Par acte Séparé). — *En brevet:* Seine : 4 fr. 50; les autres tarifs : 4 fr.

En minute : Alger. Toulouse : 8 fr.; Seine : 9 fr.; les autres tarifs : 6 fr.
2 fr. en plus par chaque partie, en sus de la première, ayant un intérêt distinct et intervenant dans l'acte. — Tous les tarifs.

Acte complémentaire, interprétatif, rectificatif. — Honoraires par rôles de minute. — Tous les tarifs.

Acte imparfait. — Honoraires par rôles de minute. — Tous les tarifs.

Acte respectueux. — *Réquisition :* Seine : 9 fr.; les autres tarifs : 8 fr.; *Notifications :* Tous les tarifs : 16 fr.; Non compris les rôles de copies.

Adhésion pure et simple (Par acte séparé). *En brevet :* Seine : 4 fr. 50 les autres tarifs : 4 fr.
En minute : Alger, Toulouse : 8 fr.; Seine : 9 fr.; les autres tarifs : 6 fr.
2 fr. en plus par chaque partie, en sus de la première, ayant un intérêt distinct et intervenant dans l'acte. — Tous les tarifs.

Adoption testamentaire (Au décès de l'adoptant). — *Si le testament est authentique ou mystique et sans préjudice du droit de rédaction du testament.*
Bastia : 1 0/0 de 1 à 10,000 fr.; 0.75 0/0 de 10,000 à 20,000 fr.; 0.50 0/0 de 20,000 à 50,000 fr.; 0.25 0/0 au-dessus.
Riom : 1 0/0 de 1 à 50,000 fr.; 0.75 0/0 de 50,000 à 100,000; 0.50 0/0 de 100,000 à 300,000 fr.; 0.25 0/0 au-dessus;
Douai : 1 0/0 de 1 à 50,000 fr.; 0.50 0/0 de 50,000 à 100,000 fr.; 0.25 0/0 au-dessus.
Caen, Orléans : 1 0/0 de 1 à 50,000 fr.; 0.50 0/0 de 50,000 à 200,000 fr.; 0.25 0/0 au-dessus
Angers : 1 0/0 de 1 à 50,000 fr.; 0.50 0/0 de 50,000 à 500,000 fr.; 0.25 0/0 au-dessus;
Amiens, Besançon, Dijon, Montpellier : 1 0/0 de 1 à 100.000 fr.; 0.50 0/0 de 100,000 à 300,000 fr.; 0.25 0/0 au-dessus:
Aix, Bourges, Chambéry, Grenoble, Limoges, Nîmes, Pau, Poitiers, Rouen : 1 0/0 de 1 à 100,000 fr.; 0.50 0/0 de 100,000 à 500,000 fr.; 0.25 0/0 au-dessus; Alger : 0.50 0/0 de 1 à 200,000; 0.25 0/0 de 201 à 400,000; 0.125 0/0 au-dessus.
Agen, Bordeaux, Nancy, Paris, Rennes, Toulouse : 1 0/0 de 1 à 200,000 fr.; 0.50 0/0 de 200,000 à 500.000 fr.; 0.25 0/0 au-dessus.
Lyon : 1 0/0 de 1 à 300,000 fr.; 0.50 0/0 de 300,000 à 600,000 fr.; 0.25 0/0 au-dessus
Seine : 0.50 0/0 jusqu'à 1 million; 0.25 0/0 de 1 à 3 millions; 0.125 0/0 au-dessus.
Si le testament est olographe :
Moitié des honoraires ci-dessus.
Minimum : Paris : 5 fr.; Aix : 8 fr.; Amiens : 10 fr.; Limoges, Lyon : 12 fr.; les autres tarifs 6 fr., à l'exception de ceux d'Alger. Bordeaux, Chambéry, Grenoble, Nancy, Seine, Rennes, Toulouse : sans minimum.

Affectation hypothécaire (Par acte séparé). Alger. Seine : Moitié de l'honoraire de l'acte principal, sans pouvoir dépasser 0.25 0/0 pour les baux, et 0.50 0/0 pour les autres actes; les autres tarifs : Si l'acte primitif est à l'étude : 6 fr.; au cas contraire, moitié de l'honoraire de l'acte principal sans pouvoir dépasser 0.25 0/0 pour les baux, et 0.50 0/0 pour les autres actes.
Minimum : Limoges, Nancy, Toulouse : 5 fr.; Amiens, Bastia, Besançon, Bourges, Chambéry, Grenoble, Montpellier, Paris, Poitiers : 6 fr.: les autres tarifs : sans minimum.
Par un tiers dans l'acte principal : Moitié des honoraires ci-dessus. — Tous les tarifs, sauf ceux d'Alger et de la Seine qui n'ont pas d'honoraires.
Minimum : Bordeaux, Limoges : 4 fr.; Bastia, Bourges, Montpellier, Nancy, Paris, Rennes, Toulouse : 5 fr.; les autres tarifs : 6 fr. Sauf celui de la Seine, qui n'a pas d'honoraires.
Constitution d'hypothèque maritime : 0.25 0/0. — Spécial au tarif de Poitiers.

L'OFFICE GÉNÉALOGIQUE ne réclame jamais rien en cas d'insuccès.

Affiches et insertions. — *Affiches manuscrites :* 0 fr. 50 par affiche. — Tous les tarifs sauf celui de la Seine.

Affiches imprimées : 6 fr. pour droit de rédaction. — Tous les tarifs sauf celui de la Seine.

Insertion dans les journaux : 6 fr. pour rédaction. — Tous les tarifs sauf celui de la Seine.

Dans le ressort de la Seine : il est d'usage de ne réclamer que les déboursés ; les honoraires sont compris dans l'honoraire de vente.

Affrètement. — Caen : 0.20 0/0 ; Alger : 0,25 0/0 de 1 à 200,000 ; 0,125 0/0 au-dessus.

Agen, Aix, Angers, Bastia, Dijon, Douai, Nancy, Orléans, Paris, Rennes Riom, Rouen, Seine, Toulouse : 0.25 0/0 ;

Besançon : 0.30 0/0 ;

Lyon : 0.40 0/0 de 1 à 10,000 fr. et 0.25 0/0 au-dessus ;

Bordeaux, Limoges, Pau, Poitiers : 0.50 0/0 ;

Bourges, Chambéry, Grenoble : 0.50 0/0 de 1 à 5,000 fr. et 0.25 0/0 au-dessus ;

Nîmes : 0.50 0/0 de 1 à 25,000 fr. et 0.25 0/0 au-dessus ;

Montpellier : 0.50 0/0 de 1 à 50,000 fr. et 0.25 0/0 au-dessus ;

Amiens : 0.50 0/0 de 1 à 100,000 fr. et 0.25 0/0 au-dessus.

Minimum : Bordeaux, Douai : 4 fr. ; Amiens, Bastia, Bourges, Dijon, Limoges, Montpellier, Orléans, Paris, Rennes, Riom, Rouen, Toulouse : 5 fr. ; Aix, Besançon, Caen, Chambéry, Grenoble, Lyon, Nancy, Nîmes, Pau, Poitiers : 6 fr. ; Agen, Angers, Alger, Seine : sans minimum.

Ampliation (Art. 844, C. proc. civ.). — Seine : 9 fr. ; les autres tarifs : 8 fr.

Antériorité (Consentement à), — Orléans : 5 fr. ; Amiens, Montpellier, Rouen : 6 fr. ; Alger, 0,25 0/0, de 1 à 200,000 ; 0,125 0/0 au-dessus.

Angers, Caen ; 0.10 0/0 sur la somme profitant d'une façon effective de l'antériorité.

Bordeaux, Bourges, Dijon, Douai, Paris, Pau. — Seine : 0.25 0/0 ;

Besançon : 0.25 0/0 de 1 à 100,000 fr. et 0.125 0/0 au-dessus ;

Agen, Aix, Limoges, Lyon, Nancy, Nîmes, Poitiers, Rennes, Riom, Toulouse : 0.50 0/0 ;

Bastia : 0.50 0/0 de 1 à 10,000 fr. et 0.25 0/0 au-dessus ;

Chambéry, Grenoble : 0.50 0/0 de 1 à 50,000 fr. et 0.25 0/0 au-dessus.

Minimum : Bastia, Nancy, Orléans, Paris, Rennes, Toulouse : 5 fr. ; les autres tarifs : 6 fr., à l'exception d'Alger, Lyon, Seine : sans minimum.

Antichrèse (Par acte séparé). — Poitiers : 0.50 0/0 sur le montant de la créance garantie ; les autres tarifs : Honoraires comme en matière d'affectation hypothécaire.

Minimum : Rennes : 5 fr. ; Aix, Caen, Nîmes, Orléans, Poitiers : 6 fr. ; les autres tarifs : sans minimum.

Apprentissage (Loi du 22 février 1851). — Tous les tarifs : 2 fr.

Arbitres et experts (Nomination d'). — Tous les tarifs : Honoraires par rôles de minute, sauf Alger, 8 fr. fixes.

Assurance (Contrat d'). — Tous les tarifs : 0.10 0/0 sur le montant de la valeur assurée.

Minimum : Nancy, Paris, Toulouse : 5 fr. ; les autres tarifs : 6 fr. à l'exception d'Alger et Seine : sans minimum.

Autorisation. — *En brevet :* Seine : 4 fr. 50 ; les autres tarifs : 4 fr.
En minute : Seine : 9 fr. ; les autres tarifs : 6 fr., sauf Alger, 8 fr.

Autorisation pour faire le commerce. — *En brevet :* Poitiers : 4 fr. 50 Seine : 9 fr. ; les autres tarifs : 6 fr., Alger : 8 fr.

Aval. — Poitiers, Toulouse : 0.125 0/0 ; Agen : 0.30 0/0 ; les autres tarifs : 0.25 0/0, sauf Alger, 0.25 0/0 de 1 à 200,000 ; 0.125 0/0 au-dessus.

Minimum : Agen, Toulouse : 3 fr. ; les autres tarifs : 2 fr. ; sauf Alger et Seine : sans minimum.

L'OFFICE GÉNÉALOGIQUE a été fondée à Paris en 1882-81.

Bail .— A. — BAIL DE GRÉ A GRÉ.
Bail à ferme : Sur le prix total des années du bail augmenté des charges..
Angers, Caen : 0.20 0/0;

Aix, Bastia, Douai, Nancy, Orléans, Paris, Poitiers, Rennes. Rouen 0.25 0/0;
Besançon, Dijon : 0.30 0/0;
Pau 0.40 0/0;
Lyon, Riom : 0.40 0/0 de 1 à 10.000 fr. et 0.25 0/0 au-dessus;
Amiens : 0.40 0/0 de 1 à 50,000 et 0.25 0/0 au-dessus:
Agen, Bordeaux, Toulouse : 0.50 0/0;
Bourges, Chambéry, Grenoble : 0.50 0/0 de 1 à 5,000 fr., et 0.25 0/0 au-dessus;
Limoges : 0.50 0/0 de 1 à 15,000 fr.. et 0.25 0/0 au-dessus;
Montpellier : 0.50 0/0 de 1 à 50.000 fr., et 0.25 0/0 au-dessus:
Nîmes : 0.60 0/0 de 1 à 5.000 fr.; 0.50 0/0 de 5,000 à 25,000 fr., et 0.25 0/0 au-dessus;
Seine : 0.25 0/0 sur les loyers cumulés des neuf premières années et 0.125 0/0 sur les loyers cumulés des années suivantes; Alger de même.
Bail à loyer : Sur le prix total des années du bail augmenté des charges;
Angers, Caen : 0.20 0/0;

Aix, Bastia, Douai, Nancy, Orléans, Paris, Poitiers, Rennes, Rouen : 0.25 0/0;
Besançon, Dijon : 0.30 0/0;
Bordeaux : 0.33 0/0:
Pau : 0.40 0/0;
Lyon, Riom : 0.40 0/0 de 1 à 10,000 fr., et 0.25 0/0 au-dessus;
Amiens : 0.40 0/0 de 1 à 50,000 fr., et 0.25 0/0 au-dessus;
Agen, Toulouse : 0.50 0/0;
Bourges, Chambéry, Grenoble : 0.50 0/0 de 1 à 5,000 fr. et 0.25 0/0 au-dessus:
Limoges : 0.50 0/0 de 1 à 15,000 fr., et 0.25 0/0 au-dessus ;
Montpellier : 0.50 0/0 de 1 à 50,000 fr., et 0.25 0/0 au-dessus;
Nîmes : 0.60 0/0 de 1 à 5,000 fr.; 0.50 0/0 de 5,000 à 25,000 fr., et 0.25 0/0 au-dessus.
Seine : 0.25 0/0 sur les loyers des neuf premières années, et 0.125 0/0 sur les loyers cumulés des années suivantes.
Bail à nourriture : Sur le prix total des années du bail augmenté des charges :
Angers, Caen : 0.20 0/0;
Aix, Bastia, Douai, Orléans, Paris, Poitiers, Rennes, Rouen: 0.25 0/0;
Besançon, Dijon : 0.30 0/0;
Pau : 0.40 0/0;
Lyon, Riom : 0.40 0/0 de 1 à 10,000 et 0.25 0/0 au-dessus;
Agen, Bordeaux, Toulouse : 0.50 0/0:
Bourges, Chambéry, Grenoble : 0.50 0/0 de 1 à 5,000 fr., et 0.25 0/0 au-dessus;
Limoges : 0.50 0/0 de 1 à 15,000 fr., et 0.25 0/0 au-dessus;
Montpellier : 0.50 0/0 de 1 à 50,000 fr., et 0.25 0/0 au-dessus;
Nancy : 0.50 0/0 sur dix années au minimum;
Nîmes : 0.60 0/0 de 1 à 5,000 fr.; 0.50 0/0 de 5,000 à 25,000 fr.; 0.25 0/0 au-dessus;
Amiens : Honoraires comme en matière de vente;
Seine : sans indication spéciale; Alger de même.
Bail à pâturage : Sur le prix total des années du bail augmenté des charges ;
Angers : 0.20 0/0;
Bastia, Douai, Orléans, Paris, Poitiers, Rennes. Rouen : 0.25 0/0;
Besançon, Dijon : 0.30 0/0; Pau 0.40 0/0;
Lyon, Riom : 0.40 0/0 de 1 à 10,000 fr., et 0.25 0/0 au-dessus;
Amiens : 0.40 0/0 de 1 à 50,000 fr., et 0.25 0/0 au-dessus;
Agen, Bordeaux. Toulouse : 0,50 0/0;

Bourges, Chambéry, Grenoble : 0.50 0/0 de 1 à 5,000 fr., et 0.25 0/0 au-dessus ;
Limoges : 0.50 0/0 de 1 à 15,000 fr., et 0.25 0/0 au-dessus ;
Montpellier : 0.50 0/0 de 1 à 50,000 fr., et 0.25 0/0 au-dessus :
Nîmes : 0.60 0/0 de 1 à 5,000 fr.; 0.50 0/0 de 5,000 à 25,000 fr., et 0.25 0/0 au-dessus ;
Aix, Alger, Caen, Nancy, Seine : sans indication spéciale.
Bail à cheptel : Sur le prix total des années du bail augmenté des charges ;
Nancy : 0.25 0/0; Angers, Caen : 0.20 0/0, sur les mêmes bases ;
Bastia, Douai, Orléans, Paris, Poitiers, Rennes, Rouen : 0.25 0/0 sur l'évaluation de la part totale du croît revenant au propriétaire,
Et sur les mêmes bases :
Besançon, Dijon : 0.30 0/0;
Pau : 0.40 0/0;
Lyon, Riom : 0.40 0/0 de 1 à 10,000 fr., et 0.25 0/0 au-dessus ;
Amiens : 0.40 0/0 de 1 à 50,000 fr., et 0.25 0/0 au-dessus ;
Bourges, Agen : 0.50 0/0;
Chambéry, Grenoble : 0.50 0/0 de 1 à 5.000 fr., et 0.25 0/0 au-dessus.
Montpellier : 0.50 0/0 de 1 à 50,000 fr., et 0.25 0/0 au-dessus ;
Nîmes ; 0.60 0/0 de 1 à 5,000 fr.; 0.50 0/0 de 5,000 à 25,000 fr., et 0.25 0/0 au-dessus ;
Bordeaux, Limoges, Toulouse : 1 0/0
Aix, Alger, Seine : sans indication spéciale ;
Bail à colonage : Sur l'évaluation de la part totale des fruits revenant au propriétaire ;
Bastia, Douai, Nancy, Paris, Rennes, Rouen : 0.25 0/0;
Angers, Besançon, Caen, Dijon ; 0.30 0/0; Orléans : 0.375 0/0; Pau, Poitiers : 0.40 0/0;
Lyon : 0.40 0/0 de 1 à 10,000 fr., et 0.25 0/0 au-dessus ;
Amiens : 0.40 0/0 de 1 à 50,000 fr., et 0.25 0/0 au-dessus ;
Agen, Bordeaux, Toulouse : 0,50 0/0;
Chambéry : 0.50 0/0 de 1 à 5,000 fr. et 0.25 0/0 au-dessus ;
Limoges : 0.50 0/0 de 1 à 15,000 fr., et 0.25 0/0 au-dessus ;
Montpellier : 0.50 0/0 de 1 à 50,000 fr., et 0.25 0/0 au-dessus ;
Bourges : 1 0/0 pour bail d'un an; au delà, 0.50 0/0 de 1 à 5,000 fr., et 0.25 0/0 au-dessus ;
Riom : Pour un bail d'un an ; 1 0/0 de 1 à 10,000 fr.; 0.50 0/0 au-dessus ; Pour un bail de deux ans, 0.50 0/0 de 1 à 10,000 fr.; 0.25 0/0 au-dessus ; Pour un bail de trois ans et au delà, 0,40 0/0 de 1 à 10,000 fr.; 0.25 0/0 au-dessus ;
Aix, Alger, Grenoble, Nîmes, Riom, Seine : sans indication spéciale ;
Bail à vie : Sur le capital formé de dix fois la redevance annuelle ;
Douai : 0.25 0/0;
Agen, Aix, Bordeaux, Montpellier, Nancy : 0.50 0/0;
Bourges : 0.50 0/0 de 1 à 5,000 fr•, 0.25 0/0 au-dessus :
Nîmes : 0.60 0/0 de 1 à 5,000 fr.; 0.50 0/0 de 5,000 à 25,000 fr., et 0.25 0/0 au-dessus ;
Angers, Bastia, Besançon, Caen, Dijon, Lyon, Orléans, Paris, Seine, Poitiers, Rennes, Rouen, Toulouse : 1 0/0;
Riom : 1 0/0 de 1 à 50,000 fr., et 0.50 0/0 au-dessus ;
Amiens, Chambéry, Grenoble, Pau : Honoraires comme en matière de vente ; Alger, 1 0/0 de 1 à 200,000; 0.50 0/0 de 201 à 4,00,000; 0.25 0/0 de 401 à 800,000; 0.125 0/0 au-dessus.
Limoges : 1 0/0 sur le capital formé de vingt fois la redevance annuelle.
Bail à durée illimitée, emphytéotique : Sur le capital formé de vingt fois la redevance annuelle : Alger, comme pour un bail à vie.
Bourges, Riom : 0.50 0/0 de 1 à 5,000 fr., et 0.25 0/0 au dessus.
Agen, Aix, Bastia, Besançon, Bordeaux, Caen, Dijon, Douai, Lyon, Orléans, Paris, Seine, Poitiers, Rennes, Toulouse : 1 0/0;
Nîmes : 1 0/0 de 1 à 50,000 fr., et 0.50 0/0 au-dessus ;
Rouen : 1 0/0 de 1 à 100.000 fr., et 0.50 0/0 au-dessus ;

Nancy : 1 0/0 de 1 à 100,000 fr.; 0.50 0/0 do 100.000 à 300,000 fr., et 0.25 0/0 au-dessus;

Amiens, Chambéry, Grenoble, Montpellier, Pau : Honoraires comme en matière de vente;

Angers, Limoges : 1 0/0 sur le capital formé de dix fois la redevance annuelle;

Bail de carrière : Chambéry et Grenoble : Honoraires comme pour vente de meubles (spécial à ces deux cours).

Minimum : Bordeaux, Douai, Nancy : 4 fr.; Aix, Amiens, Besançon, Lyon, Nîmes, Riom : 6 fr.; les autres tarifs : 5 fr.; sauf Alger et Seine : sans minimum.

B. — Bail par adjudication (Cahier des charges compris). Rennes : 0.40 0/0; Besançon, Orléans, Paris, Rouen, Toulouse 0.50 0/0;

Douai 0.50 0/0; emphytéotique, 2 0/0 sur le capital formé de vingt fois la redevance annuelle;

Bastia : 0.50 0/0 de 1 à 5,000 fr., et 0.25 0/0 au-dessus;

Montpellier : 0.50 0/0 de 1 à 50,000 fr., et 0.25 0/0 au-dessus;

Riom : 0.60 0/0 de 1 à 10,000 fr., 0.40 0/0 au-dessus;

Bourges : 0.75 0/0 de 1 à 5,000 fr., 0.375 0/0 au-dessus;

Aix : 0.75 0/0 de 1 à 10,000 fr,, 0.50 0/0 au-dessus;

Agen : 1 0/0;

Chambéry, Grenoble : 1 0/0 de 1 à 50,000 et 0.50 0/0 au-dessus;

Amiens : 1.50 0/0 de 1 à 10.000 fr.; 0.75 0/0 de 10,000 à 50,000 fr.; 0.50 0/0 au-dessus;

Dijon, Limoges, Lyon : Un quart en sus des honoraires du bail de gré à gré,

Angers, Bordeaux, Caen, Nîmes, Pau, Poitiers : Moitié en sus des honoraires du bail de gré à gré;

Nancy : En bloc, 0.75 0/0 de 1 à 10,000 fr., et 0.50 0/0 au-dessus; En détail, 2 0/0 sur la première année, 1 0/0 au-delà ;

Seine : 0.50 0/0 sur les loyers cumulés des neuf premières années et 0.25 0/0 sur les loyers cumulés des années suivantes; Alger: 1/2 du tarif de la Seine.

Minimum : Orléans: 5 fr., Angers, Limoges: 15 fr. ; les autres tarifs : 8 fr.; Alger, Seine : sans minimum.

C. — Louage d'ouvrage et d'industrie. Caen : 0.20 0/0; Aix, Angers, Bastia, Douai, Orléans, Paris, Rennes, Rouen: 0.25 0/0; Besançon, Dijon, 0.30 0/0; Pau : 0.40 0/0.

Lyon, Riom : 0.40 0/0 de 1 à 10.000 fr., 0.25 0/0 au-dessus;

Amiens : 0.40 0/0 de 1 à 50.000 fr., 0.25 0/0 au-dessus ;

Agen, Bordeaux, Limoges, Toulouse : 0.50 0/0;

Bourges, Chambéry, Grenoble, Poitiers : 0.50 0/0 de 1 à 5,000 fr., 0.25 0/0 au-dessus;

Montpellier, Nancy : 0.50 0/0 de 1 à 50,000 fr., 0.25 0/0 au-dessus;

Nîmes : 0.60 0/0 de 1 à 5,000 fr., 0.50 0/0 de 5,000 à 25,000 fr. ; 0.25 0/0 au-dessus;

Seine : 1 0/0;

Minimum : Bastia: 3 fr. ; Douai: 4 fr. ; Aix, Amiens, Angers, Besançon, Lyon, Nîmes, Riom, Toulouse : 6 fr. ; Rennes : 8 fr. ; les autres tarifs : 5 fr. ; Bourges, Seine : sans minimum. Alger : Comme pour un bail à vie.

Billet simple, à ordre, au porteur. — Seine: 0.25 0/0; Aix, Angers, Besançon, Bordeaux, Bourges, Caen, Chambéry, Dijon, Douai, Grenoble, Limoges, Lyon, Nancy, Nîmes, Orléans, Paris, Pau, Poitiers, Rennes, Toulouse : 0.50 0/0;

Riom : 0.50 0/0 de 1 à 50,000 fr.; 0.25 0/0 de 50,000 à 100,000 fr. ; 0.125 0/0 au-dessus;

Amiens, Montpellier, Rouen : 0.50 0/0 de 1 à 200,000 fr.; 0.25 0/0 au-dessus;

Agen : 0.60 0/0; Alger : 0.25 0/0 de 1 à 200,000: 0.125 0/0 au-dessus.

Bastia : Moitié des honoraires perçus en matière d'obligation;

Minimum : Amiens, Dijon : 2 fr.; Aix, Chambéry, Grenoble, Lyon,

Montpellier, Nancy, Paris, Rennes : 4 fr. ; les autres tarifs : 3 fr. ; Seine : sans minimum.

Bordereau d'inscription (Rédaction de). — Angers, Bordeaux, Pau : 0.05 0/0; Orléans, Paris, Riom : 0.10 0/0 de 1 à 20,000 fr., et 0.05 0/0 au-dessus ; Seine : Rôles de minute, lorsqu'il est dressé en exécution immédiate d'un acte reçu par le notaire, et 0.10 0/0 dans tous les autres cas; les autres tarifs : 0.10 0/0;

Minimum : Agen, Aix, Besançon : 5 fr. ; les autres tarifs : 4 fr ; Alger, Seine ; sans minimum.

Si l'hypothèque doit être inscrite dans plusieurs arrondissements : 4 fr. par bureau en sus du premier : Tous les tarifs, sauf Seine : Rôles de minute sur le double envoyé à chaque bureau, en sus du premier.

Bordereau en renouvellement d'inscription. — Orléans, Paris, Riom : 0.10 0/0 de 1 à 20,000 fr., et 0.05 0/0 au-dessus ; les autres tarifs : 0.10 0/0;

Minimum : Agen, Aix, Besançon : 5 fr. ; les autres tarifs : 4 fr. ; Alger et Seine : sans minimum ;

Si l'hypothèque doit être inscrite dans plusieurs arrondissements : 4 fr. par bureau en sus du premier. — Tous les tarifs, sauf Seine : Rôles de minute sur le double envoyé à chaque bureau, en sus du premier.

Bornage (Procès-verbal de). — Honoraires par rôles de minute : Tous les tarifs.

Cahier des charges, — *Pour vente immobilière.* — Honoraires par rôles de minute :

De 3 fr., si la vente est judiciaire.

De 5 fr., si elle est volontaire. Dans ce dernier cas, l'honoraire n'est dû que si la tentative d'adjudication reste sans effet. — Tous les tarifs.

Pour vente mobilière : Honoraire de 5 fr. par rôles de minute. L'honoraire n'est dû que dans le cas où il n'y a pas d'adjudication. — Tous les tarifs, sauf Alger qui n'est pas tarifé.

Carence (Procès-verbal de). — Honoraires par vacations. — Tous les tarifs.

Cautionnement. — A. — (Par acte séparé) : — Moitié de l'honoraire de l'acte principal sans pouvoir excéder 0.25 0/0 pour les baux et 0.50 0/0 pour les autres actes : Tous les tarifs.

Minimum : Angers, Bordeaux. Caen, Chambéry, Grenoble, Limoges, Nancy : 4 fr. ; Agen, Besançon, Lyon, Nîmes, Riom : 6 fr. ; les autres tarifs : 5 fr. ; Alger, Seine : sans minimum.

B. — Dans l'acte contenant l'engagement principal : — Un quart de l'honoraire de l'acte principal sans pouvoir excéder 0.25 0/0. — Tous les tarifs : Alger et Seine : pas d'honoraires.

Minimum : Limoges : 3 fr. ; Bourges : 5 fr.; Lyon, Nîmes, Riom : 6 fr.; les autres tarifs : 4 fr.

Certificat de caution. — (Par acte séparé). *En brevet.* Seine : 4 fr. 50 ; Agen, Aix, Chambéry, Dijon, Douai, Grenoble, Lyon, Montpellier, Nancy, Nîmes : 6 fr. ; les autres tarifs : 4 fr. *En minute :* Agen, Aix, Caen, Chambéry, Dijon, Douai, Grenoble, Lyon, Montpellier, Nîmes, Nancy, 8 fr.; Seine : 9 fr.; les autres tarifs, 6 francs.

Certificat de propriété. — A. — Lorsqu'il est délivré pour l'exécution d'un acte contenant partage ou mutation de propriété sur lequel un honoraire proportionnel a été perçu dans la même étude. Tous les tarifs : 4 fr. ; Seine : 9 fr., Alger, 8 fr., plus 6 fr., pour chacun des notaires ayant concouru au certificat de propriété.

B. — Au cas contraire : Seine : 0.25 0/0 de 1 à 800,000 fr., et 0.125 0/0 au-dessus, plus 6 fr. pour chacun des notaires ayant concouru au certificat de propriété. Les autres tarifs : 0.25 0/0. Alger : 0.25 0/0 de 1 à 200,000 et 0.125 0/0 au-dessus.

Minimum : Bastia : 3 fr. ; Besançon, Bordeaux, Bourges, Caen, Nancy : Orléans, Poitiers : 4 fr. ; Aix, Limoges, Paris, Rennes, Riom, Toulouse, 5 fr. ; les autres tarifs : 6 fr. ; Alger, Seine : sans minimum.

Certificat de vie. — A. — *Pour les certificats dressés dans la forme des actes notariés* : Orléans: 2 fr.; Bastia, Bordeaux, Chambéry, Dijon, Douai, Grenoble, Lyon, Riom, Rouen : 3 fr. : Seine: 4 fr. 50 ; Toulouse: 5 fr. ; les autres tarifs : 4 fr.

B. — *Pour tous les autres certificats :* Tarif de l'ordonnance du 6 juin 1839, des décrets des 9 novembre 1853 et 2 août 1860 (1). — Tous les tarifs.

Cession de bail. — Honoraires comme en matière de bail, sur les années restant à courir. — Tous les tarifs.

Cession de biens par un débiteur à ses créanciers. — (Art. 1265 et suivants. (C. civ.)

A. — *Avec mutation de propriété :* Amiens : 1 0/0 de 1 à 50,000 fr. ; 0.50 0/0 de 50,000 à 150,000 fr. ; 0.25 0/0 au-dessus ;

Pau, Rouen : 1 0/0 de 1 à 100,000 fr. ; 0.50 0/0 de 100,000 à 500,000 fr. ; 0.25 0/0 au-dessus.

Dijon : 1 0/0 de 1 à 100,000 fr. ; 0.75 0/0 de 100,000 à 200,000 fr. ; 0.50 0/0 de 200,000 à 300,000 fr. ; 0.25 0/0 au-dessus ;

Nancy : 1 0/0 de 1 à 100,000 fr. ; 0.50 0/0 de 100,000 à 300,000 fr. : 0.25 0/0 au-dessus ;

Poitiers : 1 0/0 de 1 à 100,000 fr. ; 0.50 0/0 de 100,000 à 300,000 fr. ; 0.25 0/0 de 300,000 à un million ; 0.125 0/0 au-dessus ;

Bourges ; 1 0/0 de 1 à 150,000 fr. ; 0.50 0/0 de 150,000 à 500,000 fr. : 0.25 0/0 au-dessus ;

Angers : 1 0/0 de 1 à 200,000 fr. ; 0.50 0/0 de 200,000 à 500,000 fr. ; 0.25 0/0 au-dessus ;

Bordeaux : 1 0/0 de 1 à 300,000 fr. ; 0.50 0/0 de 300,000 à 600,000 fr. ; 0.25 0/0 au-dessus. — *Les autres tarifs :* Honoraires comme en matière de vente, sur la valeur des biens abandonnés.

Minimum : Agen, Aix, Chambéry, Dijon, Douai, Grenoble, Nancy, Riom, Toulouse: 5 fr. ; Bastia, Caen, Montpellier, Nîmes, Paris, Rennes; 6 fr.; Angers, Besançon, Bourges, Rouen: 8 fr.; Amiens, Bordeaux, Limoges, Orléans: 10 fr. ; Lyon, Pau, Poitiers: 12 fr. ; Alger et Seine: sans minimum.

B. — *Sans mutation de propriété :* Tous les tarifs: moitié des honoraires ci-dessus, sauf Seine : 0.50 0/0 de 1 à 800,000 fr. ; 0.25 0/0 de 800,000 à 1 million 500,000 fr. ; 0.125 0/0 au-dessus. Alger : 0.50 0/0 de 1 à 200,000; 0.25 0/0 de 200,000 à 400,000; 0.125 0/0 au-dessus.

Minimum : Agen, Aix, Chambéry, Dijon, Douai, Grenoble, Nancy, Riom, Toulouse: 5 fr. ; Bastia, Caen, Montpellier, Nîmes, Paris, Rennes: 6 fr. ; Angers, Besançon, Bourges, Rouen: 8 fr.; Amiens, Bordeaux, Limoges, Orléans: 10 fr.; Lyon, Pau, Poitiers: 12 fr.; Alger et Seine : sans minimum.

Codicille. — Honoraires comme en matière de testament. — Tous les tarifs.

Communauté d'habitation ou de travail (Acte de). — *Sans apport :* Agen, Amiens, Bordeaux, Chambéry, Dijon, Douai, Grenoble, Lyon, Nîmes, Pau, Poitiers: 6 fr.; Alger, Besançon, Limoges: 8 fr.; les autres tarifs : Honoraires par rôles de minute.

Avec apports : Toulouse : 0.20 0/0 ; Agen, Amiens, Bordeaux, Caen, Dijon, Pau, Poitiers : 0.25 0/0 ; les autres tarifs : Honoraires comme pour acte de société.

Minimum : Agen, Angers, Caen, Chambéry, Grenoble, Nîmes : 6 fr.; Besançon : 8 fr. ; les autres tarifs : 5 fr. ; Limoges, Alger, Seine : sans minimum.

Compensation. — Honoraires comme en matière de quittance, sur la somme compensée. — Tous les tarifs.

Compromis. — Honoraires par rôles de minute. — Tous les tarifs.

Compte d'administration légale, d'antichrèse, de bénéfice d'inven-

(1) De 601 fr. et au-dessus, 0 50; de 600 fr. à 301, 0 35; de 300 fr. à 101, 0 25; de 100 fr. à 50, 0 20; au-dessous de 50, 0 00.

taire, de copropriété, d'exécution testamentaire, de gestion, de mandat, de séquestre. — Honoraires sur le chapitre le plus élevé en recettes ou en dépenses :
Bastia : 0.50 0/0 de 1 à 20.000 fr. ; 0,25 0/0 au-dessus ;
Nancy ; 0.50 0/0 de 1 à 50,000 fr. ; 0.25 0,0 au-dessus ;
Chambéry, Grenoble, Montpellier, Nîmes, Orléans : 0,50 0/0 de 1 à 100,000 fr. ; 0.25 0/0 au-dessus ;
Paris : 0.50 0/0 de 1 à 200,000 fr. ; 0.25 0/0 au-dessus ;
Bourges, Pau : 0.50 0/0 de 1 à 500,000 fr. ; 0.25 0/0 au-dessus ;
Seine : 0.50 0/0 de 1 à 500,000 fr. ; 0.25 0/0 de 500,000 à 1 million ; 0.125 0/0 au-dessus ;
Alger (y compris le compte entre héritiers et tous autres comptes non dénommés au présent tarif) : 0.50 0/0 de 1 à 200,000 ; 0.25 0/0 de 200,000 à 400,000 ; 0.125 0/0 au dessus.
Toulouse : 75 0/0 de 1 à 200,000 fr. ; 0.25 0/0 au-dessus, sauf sur le compte de bénéfice d'inventaire, qui est soumis au taux suivant : 0.50 0/0 de 1 à 500,000 fr. ; 0.25 0/0 au-dessus ;
Riom : 1 0/0 de 1 à 10,000 fr. ; 0.50 0/0 de 10,000 à 50,000 fr. ; 0.25 0/0 au-dessus ;
Douai : 1.0/0 de 1 à 10.000 fr. ; 0,50 0/0 de 10,000 à 100,000 fr. ; 0.25 0/0 au-dessus ;
Caen, Dijon, Limoges, Poitiers : 1 0/0 de 1 à 20,000 fr. ; 0.50 0/0 de 20,000 à 100,000 fr. ; 0.25 0/0 au-dessus ;
Angers : 1 0/0 de 1 à 20,000 fr. ; 0.50 0/0 de 20,000 à 500,000 fr. ; 0.25 0/0 au-dessus ;
Besançon : 1 0/0 de 1 à 25.000 fr. ; 0.75 0/0 de 25,000 à 50,000 fr. ; 0.50 0/0 de 50,000 à 100,000 fr. ; 0.25 0/0 au-dessus ;
Rennes : 1 0/0 de 1 à 25,000 fr. ; 0.50 0/0 de 25,000 à 150,000 ; 0.25 0/0 au-dessus ;
Agen : 1 0/0 de 1 à 25,000 fr. : 0.50 0/0 de 25,000 à 300,000 fr. ; 0.25 0/0 au-dessus ;
Aix, Rouen : 1 0/0 de 1 à 50,000 fr. ; 0.50 0/0 de 50,000 à 200,000 fr., 0.25 0/0 au-dessus ;
Amiens : 1 0,0 de 1 à 50,000 fr. ; 0.50 0/0 de 50,000 à 300,000 fr. ; 0.25 0/0 au-dessus ;
Bordeaux : 1 0/0 de 1 à 100,000 fr. ; 0.50 0/0 de 100.000 à 200,000 fr. ; 0.25 0/0 au-dessus ;
Lyon : 1 0/0 de 1 à 100,000 fr. ; 0.50 0/0 de 100,000 à 300,000 fr. ; 0.25 0/0 au-dessus.
Minimum : Angers : 6 fr. ; Aix, Bastia, Bourges, Chambéry, Grenoble, Nancy, Toulouse : 8 fr. ; Agen, Poitiers : 12 fr. ; les autres tarifs : 10 fr. ; Alger, Seine : sans minimum.

Compte de tutelle. — A. — Mêmes honoraires que ci-dessus. — Tous les tarifs à l'exception de :
Chambéry, Grenoble, Orléans : 0.50 0/0 de 1 à 100,000 fr. ; 0.25 0/0 au-dessus ;.
Toulouse : 0.75 0/0 de 1 à 200,000 fr. ; 0.25 0/0 au-dessus ;
Pau : 1 0/0 de 1 à 20,000 fr. ; 0.50 0/0 de 20,000 à 500,000 fr. ; 0.25 0/0 au-dessus.
S'il y a liquidation préalable dans le même acte, il est perçu, en outre, l'honoraire de liquidation sur la part revenant à l'ayant-compte, sans toutefois que l'honoraire puisse être cumulé en ce qui touche les valeurs figurant dans la liquidation et dans le compte.
Minimum : Aix, Bastia, Bourges, Chambéry, Grenoble, Nancy, Toulouse : 8 fr. ; Agen, Angers, Poitiers : 12 fr. ; les autres tarifs : 10 fr. ; Alger, Seine : sans minimum.
B. — *Récépissé de compte (par acte séparé)* : Bourges : 4 fr. ; Bastia, Rennes : 5 fr. ; les autres tarifs : 6 fr. ; Alger, Seine : pas d'honoraires.
C. — *Arrêté de compte :* Sous réserve du cas où il y a lieu à honoraire proportionnel, à raison des conventions que renferme l'acte. Rennes : 5 fr. ; Alger, 8 fr. ; Seine : 9 fr. ; les autres tarifs : 6 fr.

Compulsoire. — Honoraires par vacations. — Tous les tarifs.

Congé d'acquit. — Poitiers: 2 fr. ; les autres tarifs : honoraires comme en matière de congé de bail.

Congé de bail. — *En brevet :* Nancy : 2 fr. ; Seine : 4.50 ; les autres tarifs : 4 fr.

En minute : Nancy : 4 fr.; Alger, 8 fr.; Seine : 9 fr.; les autres tarifs : 6 fr.

Consentement à adoption, à entrer dans les ordres, à mariage, à tutelle officieuse. — *En brevet :* Seine : 4.50 ; les autres tarifs : 4 fr.

En minute : Toulouse : 6 fr. pour le consentement à adoption, à entrer dans les ordres, à mariage ;—8 fr. pour le consentement à tutelle officieuse; Alger, 8 fr., Seine : 9 fr. ; les autres tarifs : 6 fr.

Consentement à exécution de testament ou de donation entre époux. — Alger, 8 fr.; Bordeaux, Seine : 9 fr. ; Rennes : 4 fr. *en brevet;* 6 fr. *en minute;* Toulouse : 4 fr. *en brevet ;* 8 fr. *en minute ;* les autres tarifs : 6 fr.

Consignation à la Caisse des dépôts. — *Autres que celles effectuées en vertu du décret du* 30 *janvier* 1890 : Tous les tarifs : 8 fr.

Constitution de pension alimentaire. — A. — En vertu de l'article 205 du Code civil (sur le capital formé de dix fois la prestation annuelle); Rouen : 0.25 0/0 de 1 à 100,000 fr. ; 0.125 0/0 au-dessus ; Toulouse: 0.15 0/0; les autres tarifs : 0.25 0/0. Alger : 0.25 0/0 de 1 à 200,000 ; 0.125 0/0 au-dessus.

B. — Dans les autres cas (sur le capital formé de dix fois la prestation annuelle); Rouen : 0.50 0/0 de 1 à 100,000 fr. ; 0.25 0/0 au-dessus; Toulouse : 0.30 0/0 ; les autres tarifs : 0.50 0/0.

Minimum dans tous les cas: Angers, Bourges, Caen, Nancy, Orléans, Poitiers, Rouen : 4 fr. ; Toulouse : 6 fr.; les autres tarifs : 5 fr. ; Alger, Seine : sans minimum.

Constitution de rente perpétuelle, de rente viagère. — *A titre onéreux :* Sur le capital formé de vingt fois la rente perpétuelle et de dix fois la rente viagère ;

Agen, Alger, Amiens, Bourges, Caen, Chambéry, Dijon, Grenoble, Lyon, Montpellier, Orléans, Paris, Pau, Rennes, Riom : Honoraires comme en matière de vente.

Toulouse : 0.75 0/0 : Aix, Besançon, Bordeaux, Douai, Seine : 1 0/0 ;

Bastia : 1 0/0 de 1 à 20,000 fr. ; 0.50 0/0 de 20,000 à 100,000 fr. ; 0.25 0/0 au-dessus ;

Angers, Nancy, Nîmes : 1 0/0 de 1 à 100,000 fr. ; 0.50 0/0 de 100,000 à 300,000 fr. ; 0.25 0/0 au-dessus ;

Rouen : 1 0/0 de 1 à 100,000 fr. ; 0.50 0/0 au-dessus;

Poitiers : 1.25 0/0 de 1 à 5,000 fr. ; 1 0/0 au-dessus.

A titre gratuit : Honoraires comme en matière de donation ou de testament. — Tous les tarifs.

Minimum dans les deux cas : Agen, Bordeaux, Orléans : 5 fr.; Bourges, Toulouse : 8 fr. ; les autres tarifs : 6 fr. ; Alger, Seine : sans minimum.

Contrat de mariage. — A. — *Sur les apports cumulés des époux (déduction faite des charges) :*

Seine : 0.25 0/0 jusqu'à 1 million ; 0.125 0/0 au-dessus ;

Douai : 0.50 0/0 de 1 à 50,000 fr. ; 0.25 de 50,000 à 100,000 fr. ; 0.125 0/0 au-dessus ;

Angers, Caen, Orléans, Rouen : 0.50 0/0 de 1 à 50,000 fr. ; 0.25 0/0 au-dessus.

Agen, Amiens, Besançon, Bordeaux, Dijon, Montpellier, Nancy, Pau : 0.50 0/0 de 1 à 100,000 fr. ; 0.25 0/0 au-dessus ;

Lyon : 0.50 0/0 de 1 à 100,000 fr. ; 0.25 0/0 de 100,000 à 300,000 fr.; 0.125 0/0 au-dessus ;

Poitiers : 0.50 0/0 de 1 à 100,000 fr.; 0.25 0/0 de 100,000 à 1 million ; 0.125 0/0 au-dessus ;

Paris, Toulouse : 0.50 0/0 de 1 à 200,000 fr. ; 0.25 0/0 au-dessus ;

Riom : 0.75 0/0 de 1 à 10,000 fr. ; 0.50 0/0 de 10,000 à 50,000 fr. ; 0.25 0/0 au-dessus ;

Aix : 0.75 0/0 de 1 à 100,000 fr. ; 0.50 0/0 de 100,000 à 200,000 fr. ; 0.25 0/0 au-dessus ; Alger, 0 25 0/0 de 1 à 200,000 ; 0.125 0/0 au-dessus.

Nimes : 1 0/0 de 1 à 5,000 fr. ; 0.50 0/0 de 5,000 à 50,000 fr. ; 0.25 0/0 au-dessus ;

Rennes : 1 0/0 de 1 à 5,000 fr. ; 0.50 0/0 de 5,000 à 25,000 fr. ; 0.25 0/0 au-dessus ;

Bastia, Bourges, Chambéry, Grenoble : 1 0/0 de 1 à 10,000 fr. ; 0,50 0/0 de 10,000 à 50,000 fr. ; 0.25 0/0 au-dessus :

Limoges : 1 0/0 de 1 à 10,000 fr. ; 0.50 0/0 de 10,000 à 100,000 fr. : 0.25 0/0 au-dessus ;

B. — *Sur les dots :* Agen : 1 0/0 de 1 à 100,000 fr. ; 0.50 0/0 de 100,000 à 300,000 fr. ; 0.25 0/0 au-dessus ; sans distinction de lignes ;

Aix : 1 0/0 de 1 à 100,000 fr. ; 0.50 0/0 de 100,000 à 500,000 fr. ; 0.25 0/0 au-dessus en ligne directe et entre époux ; — 1.25 0/0 de 1 à 50,000 fr. ; 1 0/0 de 50,000 à 75,000 fr. ; 0.50 0/0 au-dessus, en ligne collatérale ; — 1.50 0/0 de 1 à 50,000 fr. ; 1.25 0/0 de 50,000 à 75,000 fr. ; 0.50 0/0 au-dessus, entre étrangers ;

Alger : 0 50 0/0 de 1 à 200,000 ; 0.25 0/0 de 2 à 400,000 ; 0.125 0/0 au-dessus sans distinction de lignes.

Amiens : 1 0/0 de 1 à 2,0000 fr. ; 0.70 0/0 de 20, 000 à 100,000 fr. ; 0.35 0/0 de 100,000 à 300,000 fr. ; 0.25 0/0 au-dessus, en ligne directe et entre époux ; — 1 0/0 de 1 à 50,000 fr. ; 0.80 0/0 de 50,000 à 100,000 fr. ; 0.50 0/0 de 100,000 à 300,000 fr. ; 0.25 0/0 au-dessus, en ligne collatérale et entre étrangers ;

. Angers : 0.50 0/0 de 1 à 50,000 fr. ; 0.25 0/0 au-dessus en ligne directe et entre époux ; — 1 0/0 de 1 à 50,000 fr. ; 0.50 0/0 de 50,000 à 600,000 fr. ; 0.25 0/0 au-dessus, en ligne collatérale et entre étrangers ;

Bastia : 1 0/0 de 1 à 10,000 fr. ; 0.50 0/0 de 10,000 à 50,000 fr. ; 0,25 0/0 au-dessus, sans distinction de lignes.

Besançon : 0.75 0/0 de 1 à 100,000 fr. ; 0.50 0/0 de 100,000 à 200.000 fr. ; 0.25 0/0 au-dessus, en ligne directe et entre époux ; — 1.25 0/0 de 1 à 100,000 fr. ; 0.75 0/0 de 100,000 à 200,000 fr. ; 0.25 0/0 au-dessus, en ligne collatérale et entre étrangers ;

Bordeaux : 0.75 0/0 de 1 à 100,000 fr. : 0.50 0/0 de 100,000 à 500,000 fr. ; 0.25 0/0 au-dessus, en ligne directe et entre époux ; — 1 0/0 de 1 à 200,000 fr. ; 0.50 0/0 de 200,000 à 500000, fr. ; 0.25 0/0 au-dessus, en ligne collatérale et entre étrangers ;

Bourges : 1 0/0 de 1 à 50,000 fr. ; 0.50 0/0 de 50,000 à 500000, fr. ; 0.25 0/0 au-dessus, en ligne directe et entre époux ; — 1 0/0 de 1 à 50,000 fr. ; 0.75 0/0 de 50,000 à 100,000 fr. ; 0.50 0/0 de 100,000 à 500,000 fr. ; 0.25 0/0 au-dessus, en ligne collatérale et entre étrangers ;

Caen ; 0.50 0/0 de 1 à 50,000 fr. ; 0.25 0/0 au-dessus, en ligne directe et entre époux ; — 1 0/0 de 1 à 50,000 fr. ; 0.50 0/0 au-dessus, en ligne collatérale et entre étrangers ;

Chambéry : 1 0/0 de 1 à 50,000 fr. ; 0.50 0/0 de 50.000 à 300,000 fr. ; 0.25 0/0 au-dessus, en ligne directe et entre époux ; — 1.25 0/0 de 1 à 50,000 fr. ; 1 0/0 de 50,000 à 100,000 fr. ; 0.50 0/0 au-dessus, en ligne collatérale ; — 1 0/0 de 50,000 à 100,000 fr. ; — 0.50 0/0 au-dessus, entre étrangers ;

Dijon : 0.75 0/0 de 1 à 100,000 fr. ; 0.375 0/0 au-dessus, en ligne directe et entre époux ; — 1 0/0 de 1 à 100,000 fr. ; 0.50 0/0 au-dessus, en ligne collatérale et entre étrangers ;

Douai : 1 0/0 de 1 à 10,000 fr. ; 0.75 0/0 de 10,000 à 50,000 fr. ; 0.50 0/0 de 50,000 à 100,000 fr. ; 0.25 0/0 au-dessus, sans distinction de lignes ;

Grenoble : 1 0/0 de 1 à 50,000 fr. ; 0.50 0/0 de 50,000 à 300,000 fr. ; 0.25 0/0 au-dessus, en ligne directe et entre époux, — 1.25 0/0 de 1 à 50,000 fr. ; 1 0/0 de 50,000 à 100,000 fr. ; 0.50 0/0 au-dessus, en ligne collatérale ; — 1 0/0 de 50,000 à 100,000 fr. ; 0.50 0/0 au-dessus entre étrangers ;

Limoges : 1 0/0 de 1 à 40,000 fr. ; 0 50 0/0 de 40,000 à 500,000 fr. ; 0.25 0/0 au-dessus, en ligne directe et entre époux ; — 1 25 0/0 de 1 à 100,000 **fr.**; 0.50 0/0 au-dessus, en ligne collatérale et entre étrangers ;

Lyon : 1 0/0 de 1 à 100,000 fr.; 0.50 0/0 de 100,000 à 300,000; 0.25 0/0 au-dessus, sans distinction de lignes ;

Montpellier : 1 0/0 de 1 à 100,000 fr.; 0.50 0/0 de 100,000 à 300,000 fr.; 0.25 0/0 au-dessus, sans distinction de lignes.

Nancy : 0.75 0/0 de 1 à 50,000 fr. ; 0.50 0/0 de 50,000 à 500,000 fr.; 0.25 0/0 au-dessus, en ligne directe et entre époux ; — 1 0/0 de 1 à 50,000 fr.; 0.75 0/0 de 50,000 à 300,000 fr.; 0.50 0/0 de 300,000 à 600,000 fr.; 0.25 0/0 au dessus, en ligne collatérale et entre étrangers.

Nîmes : 1 0/0 de 1 à 100,000 fr.; 0.50 0/0 de 100,000 à 500,000 fr., 0.25 0/0 au-dessus, en ligne directe et entre époux ; — 1 50 0/0 de 1 à 50,000 fr.; 1 0/0 de 50,000 à 100,000 fr. ; 0.50 0/0 au-dessus, en ligne collatérale et entre étrangers ;

Orléans : 1 0/0 de 1 à 25,000 fr. ; 0.50 0/0 de 25,000 à 100,000 fr. ; 0.25 0/0 au-dessus, sans distinction de lignes ;

Paris : 1 0/0 de 1 à 100,000 f.. ; 0.50 0/0 de 100,000 à 200,000 fr. ; 0.25 0/0 au-dessus, sans distinction de lignes ;

Seine : 0,50 0/0 jusqu'à 1 million ; 0.25 0/0 de 1 à 3 millions ; 0.125 0/0 au-dessus, sans distinction de lignes ;

Pau : 1 0/0 de 1 à 100,000 fr. ; 0.50 0/0 de 100,000 à 500,000 fr. ; 0.25 0/0 au-dessus, sans distinction de lignes :

Poitiers : 0.75 0/0 de 1 à 50,000 fr. ; 0.50 0/0 de 50,000 à 1 million ; 0.25 0/0 au-dessus, en ligne directe et entre époux ; — 1 0/0 de 1 à 50,000 fr. ; 0.75 0/0 de 50,000 fr. à 1 million ; 0.50 0/0 au-dessus, en ligne collatérale et entre étrangers ;

Rennes : 1 0/0 de 1 à 25,000 fr. ; 0.50 0/0 de 25,000 à 300,000 fr. ; 0.25 0/0 au-dessus, en ligne directe et entre époux ;—1 0/0 de 1 à 50.000 fr. ; 0.50 0/0 au-dessus, en ligne collatérale et entre étrangers ;

Riom : 1 0/0 de 1 à 10,000 fr. ; 0.75 0/0 de 10,000 à 30,000 fr. ; 0.50 0/0 de 30,000 à 60,000 fr. ; 0.25 0/0 au-dessus, en ligne directe et entre époux. — 1 0/0 de 1 à 50,000 fr. ; 0.75 0/0 de 50,000 à 100,000 fr. ; 0.50 0/0 au-dessus, en ligne collatérale et entre étrangers ;

Rouen : 1 0/0 de 1 à 100,000 fr. 0.50 0/0 de 100,000 à 500,000 fr. ; 0.25 0/0 au-dessus, sans distinction de lignes ;

Toulouse : 0.80 0/0 de 1 à 200,000 fr. ; 0.50 0/0 de 200,000 à 500,000 fr. ; 0.25 0/0 au-dessus, en ligne directe et entre époux ; — 1 0/0 de 1 à 200,000 fr. ; 0.50 0/0 de 200,000 à 500,000 fr. ; 0.25 0/0 au-dessus, en ligne collatérale ; —1.25 0/0 de 1 à 200,000 fr. ; 0.50 0/0 de 200,000 à 500,000 fr. ; 0.25 0/0 au-dessus, entre étrangers ;

C. — *Donation éventuelle.* Sans préjudice du droit proportionnel à percevoir au décès, comme en matière de testament.

Agen, Orléans : 5 fr. ; Aix, Angers, Caen, Dijon, Douai, Limoges, Nîmes, Poitiers : 6 fr. ; Paris, Pau, Rouen : 8 fr. ; Toulouse : 12 fr. ; les autres tarifs : 10 fr. ; sauf Nancy : 8 fr., sans préjudice du droit proportionnel à percevoir au décès : 0.50 0/0 de 1 à 100,000 fr. ; 0.25 0/0 au-dessus; Alger, Seine, pas de droit de rédaction ni d'honoraires au décès.

D. — *Institution contractuelle,* sans préjudice du droit proportionnel à percevoir au décès comme en matière de testament.

Agen : 5 fr. ; Aix, Caen, Dijon, Douai : 6 fr. ; Nîmes, Rouen : 8 fr. ; Limoges, Lyon, Orléans, Poitiers, Toulouse : 12 fr. ; les autres tarifs : 10 fr. ; sauf Nancy : 8 fr. ; sans préjudice du droit proportionnel à percevoir au décès : 0.75 0/0 de 1 à 50,000 fr. ; 0.50 0/0 de 50,000 à 500,000 fr. ; 0.25 0/0 au-dessus ; Alger, Seine : pas de droit fixe de rédaction, mais honoraire proportionnel au décès, comme en matière de testament.

E. — *Société de ménage (spéciale aux tarifs d'Agen et de Bordeaux) :* Agen : 4 fr. ; Bordeaux : 6 fr.

F. — *Promesse d'égalité :* Limoges : 5 fr. ; Toulouse : 8 fr. ; Agen, Chambéry, Grenoble, Pau : 10 fr. ; les autres tarifs : 6 fr. ; Alger, Seine : pas de droit de rédaction ni d'honoraires au décès.

G. — *Minimum du contrat.* Caen, Nancy : 12 fr. ; Aix : 20 fr. ; Alger, Seine : 25 fr. ; les autres tarifs : 15 fr.

H. — *Si le contrat n'est pas suivi de célébration, l'honoraire est perçu par rôles de minute. — Tous les tarifs.*

I. — *Résiliation du contrat de mariage.* — Bastia : 5 fr. ; Bordeaux : 9 fr. ; Agen, Aix, Amiens, Lyon, Montpellier, Nancy, Nîmes : 10 fr. ; Alger, Besançon, Seine : 12 fr. ; les autres tarifs : 8 fr.

Contre-lettre à contrat de mariage. — Honoraires comme en matière de contrat de mariage. — Tous les tarifs.
Minimum : Rouen : 5 fr. ; Agen : 6 fr. ; Aix, Angers, Besançon, Bourges, Dijon, Limoges, Nancy, Orléans, Pau, Rennes, Toulouse : 8 fr. ; Bordeaux : 9 fr. ; Bastia, Caen, Lyon, Paris : 10 fr. ; Chambéry, Douai, Grenoble, Nîmes : 12 fr. ; Amiens, Poitiers : 15 fr. ; Montpellier, Alger, Seine, Riom : sans minimum.

Contributions (Paiement de) après adjudication de fruits et récoltes. — Décret du 5 novembre 1851. — Tous les tarifs.

Crédit (Ouverture de). *Avec garantie :* honoraires comme en matière d'obligation. — Tous les tarifs.
Sans garantie : moitié des honoraires ci-dessus. — Tous les tarifs sauf Nancy : honoraires comme en matière d'obligation.
Avec réalisation de crédit : Spécial aux tarifs d'Alger et de la Seine ; honoraires comme en matière d'obligation.
Sans réalisation : Moitié des honoraires ci-dessus.
Minimum : Agen : 6 fr. ; les autres tarifs : 5 fr. ; Alger, Seine : sans minimum.

Dation en payement. — Honoraires comme en matière de vente de gré à gré. — Tous les tarifs.
Minimum : Tous les tarifs : 5 fr. ; Agen, Alger, Seine : sans minimum.

Décharge (Par acte séparé) de cautionnement, d'exécution testamentaire, de mandat, d'objets mobiliers, de pièces de solidarité.
En brevet : Seine : 4.50 ; les autres tarifs : 4 fr.
En minute : Aix, Alger : 8 fr. ; Seine : 9 fr. ; les autres tarifs : 6 fr.

Décharges de dépôt de sommes ou valeurs. — Aix, Besançon, Rennes, Toulouse : Moitié des honoraires perçus en matière de quittance ; Bordeaux : 0.10 0/0 ; Alger, Seine : 0.125 0/0 ; Chambéry, Grenoble : 0.25 0/0 de 1 à 10,000 fr. ; 0.125 0/0 au-dessus ;
Paris : 0.25 0/0 de 1 à 20,000 fr. ; 0.125 0.0 au-dessus ;
Nancy, Orléans : 0.25 0,0 de 1 à 50,000 fr. ; 0.125 0/0 au-dessus ; les autres tarifs ; 0.25 0,0.
Minimum : Poitiers : 3 fr. ; Bourges, Besançon, Caen, Douai, Nancy : 4 fr. ; Aix, Bordeaux, Chambéry, Grenoble : 6 fr. ; les autres tarifs : 5 fr. ; Limoges, Alger, Seine : sans minimum.

Déclaration pure et simple. — Honoraires par rôles de minute. — Tous les tarifs.

Déclaration de command. — Alger, 8 fr. ; Seine : 9 fr., si la déclaration ne contient aucune disposition nouvelle et se fait à la suite d'un acte reçu par le même notaire ; dans le cas contraire, 0.10 0/0 ; les autres tarifs : 4 fr. ; jusqu'à 1,000 fr. ; 8 fr. jusqu'à 5,000 fr. ; 12 fr. jusqu'à 10,000 fr. ; 16 fr. au-dessus.

Déclaration d'emploi (Par acte séparé). — Honoraire comme en matière d'acceptation d'emploi. — Tous les tarifs.

Déclaration d'apport ou de fortune. — Honoraires par rôles de minute. — Tous les tarifs.

Déclaration de grossesse ou de paternité. — Caen, Orléans : 4 fr. ; Aix, Paris, Riom : 6 fr. ; Alger, Toulouse : 8 fr. ; Seine : 9 fr. ; les autres tarifs : 10 fr.

Déclaration d'hypothèque. — Caen, Chambéry, Grenoble : 4 fr. ; Alger, 8 fr. ; Seine : 9 fr. ; Bordeaux : 10 fr. ; les autres tarifs : 6 fr.

Déclaration de mobilier pour éviter une confusion. — Honoraires par rôles de minute. — Tous les tarifs.

Déclaration de privilège de second ordre. — A. — *Si elle est faite à la suite d'un acte d'emprunt reçu dans l'étude :* Aix : 5 fr. ; Agen, Amiens, Bastia, Nancy, Nîmes : 6 fr. ; Seine : 9 fr. ; les autres tarifs : 8 fr. ;

B. — *Dans les autres cas* : Nimes, Riom : 0.25 0/0 ; Pau : 0.30 0/0 ; Amiens, Seine, Alger, 0 50 0/0 de 1 à 200,000 ; 0.25 0/0 de 201 à 400,000 ; 0.125 0/0 au-dessus ; Rouen : 0.50 0/0 de 1 à 100.000 fr. et 0.25 0/0 au-dessus.

Montpellier : Moitié des honoraires perçus en matière d'obligation ; les autres tarifs : 0.50 0/0.

Minimum : Bourges, Chambéry, Grenoble : 4 fr. ; Angers, Besançon, Nancy, Poitiers, Rouen : 6 fr. ; Bordeaux : 8 fr. ; les autres tarifs : 5 fr. ; Alger, Seine : sans minimum.

Déclaration préalable aux ventes de meubles.—Tous les tarifs : 4 fr., Amiens : non compris les rôles de copies.

Déclaration de succession. — A. — *S'il y a liquidation faite ou en cours* ; sur les biens et valeurs énoncés dans la déclaration de succession (état de meubles compris). — Tous les tarifs : 0.05 0/0, sauf Rouen : 0.10 0/0 de 1 à 100,000 fr. ; et 0.05 0/0 au-dessus ; Alger, 8 fr.

Seine : S'il y a eu inventaire fait après le décès, moitié des rôles de l'inventaire ; au cas où il n'y a pas d'inventaire, moitié des rôles de la liquidation.

B. — *En cas contraire* : sur les biens et valeurs énoncés dans la déclaration de succession (état de meubles compris).— Tous les tarifs : 0.10 0/0 sauf Seine : S'il n'y a ni inventaire, ni liquidation, 0.125 0/0. Alger, 8 fr.

Minimum : Toulouse : 5 fr. ; Angers : 6 fr. ; les autres tarifs : 4 fr. ; Alger Seine : sans minimum.

Délégation de créance. — A.—*Parfaite* (Par acte séparé) : Honoraires comme en matière d'obligation. — Tous les tarifs.

B. — *Imparfaite* : Angers, Caen, Limoges, Poitiers : 4 fr. ; Nancy, Rennes : 5 fr. ; Alger, 8 fr. ; Seine : 9 fr. ; les autres tarifs : 6 fr.

C. — *Lorsque la délégation parfaite intervient dans un acte dont elle n'est pas l'objet principal* :

Moitié des honoraires perçus en matière d'obligation.— Tous les tarifs, sauf Seine : pas d'honoraires.

Minimum : Besançon : 6 fr. ; les autres tarifs : 5 fr. ; Seine : sans minimum.

Délivrance de legs, avec ou sans décharge. — Alger, 0.25 0/0 de 1 à 200,000 ; 0.125 0/0 au-dessus.—A. *Ayant pour objet une somme d'argent ou des valeurs mobilières* : 1° *Sur l'acte de délivrance, avec décharge.* Seine : 0.25 0/0 ; Pau : 0.60 0/0. Amiens, Chambéry, Grenoble, Nancy, Nimes, Orléans, Riom : 0.50 0/0 de 1 à 50,000 fr. ; et 0.25 0/0 au-dessus.

Aix, Rouen : 0.50 0/0 de 1 à 100,000 fr. ; et 0.25 0/0 au-dessus ; les autres tarifs : 0.50 0/0.

2° *Sur l'acte de délivrance sans décharge ni quittance.* Pau : 0.30 0/0 ; Amiens, Chambéry, Grenoble, Nancy, Nimes, Orléans, Riom : 0.25 0/0 ; de 1 à 50,000 fr. ; et 0.125 0/0 au-dessus.

Aix, Rouen : 0.25 0/0 de 1 à 100,000 fr. ; et 0.125 0/0 au-dessus ; les autres tarifs : 0.25 0/0.

3° *Sur la quittance ou décharge ultérieure.* Pau 0.30 0/0 ; Amiens, Chambéry, Grenoble, Nancy, Nimes, Orléans, Riom : 0.25 0/0 ; de 1 à 50,000 fr. ; et 0.125 0/0 au-dessus ;

Aix, Rouen : 0.25 0/0 de 1 à 100,000 fr. ; et 0.125 0/0 au-dessus ; les autres tarifs : 0.25 0/0 ; Seine : sans indication.

B. — *Ayant pour objet des immeubles ou des objets mobiliers, avec ou sans décharge.* Nancy : 6 fr. ; Pau : 0.30 0/0 ; Amiens, Orléans, Riom : 0.25 0/0 de 1 à 50,000 fr. ; et 0.125 0/0 au-dessus.

Aix, Rouen : 0.25 0/0 de 1 à 100,000 fr. ; et 0.125 0/0 au-dessus ; les autres tarifs : 0.25 0/0.

Minimum. Limoges : 4 fr. ; Agen, Angers, Bastia, Besançon, Bordeaux, Bourges, Nimes, Pau, Rouen : 6 fr. ; les autres tarifs : 5 fr. : Alger, Seine, sans minimum.

Délivrance de seconde grosse (Procès-verbal de). — Amiens : 6 fr. ; Seine : 9 fr. ; les autres tarifs : 8 fr.

Dépôt d'actes sous seing privé autres que les testaments olographes. — A. —*Si le dépôt est fait par toutes les parties avec reconnaissance de leurs écritures*, l'honoraire perçu sera celui auquel aurait donné lieu l'acte authentique contenant la convention. — Tous les tarifs, sauf Alger qui n'a que 1/2 de l'honoraire.

B.—*Dans le cas où le dépôt n'est pas fait par toutes les parties :* Moitié de l'honoraire précédent. — Tous les tarifs, sauf Alger qui n'a que 1/2 de l'honoraire.

Minimum. Agen, Aix, Bordeaux : 6 fr.; Alger, Besançon, Seine : sans minimum ; les autres tarifs : 5 fr.

Dépôt d'extraits de contrat de mariage.—(Art. 67 et 68. C. de comm.), Poitiers : 4 fr., pour les quatre extraits, non compris le coût des extraits; Bordeaux : 5 fr. ; les autres tarifs : 6 fr. ; Alger, Seine : Pour les dépôts faits en dehors de la résidence du notaire : 5 fr., pour les quatre extraits, non compris le coût des extraits.

Dépôt et insertion en matière de société.— (Art. 55, 56 et 59 de la loi du 24 juillet 1867). — A. — *Dépôt :*
Poitiers : 4 fr. par localité, non compris le coût de l'expédition ; les autres tarifs : 5 fr. ; Alger, Seine : Pour les dépôts faits en dehors de la résidence du notaire : 5 fr., par localité, non compris le coût de l'expédition.

B. — *Insertion.* Pour la rédaction et l'envoi. Poitiers : 4 fr. ; les autres tarifs : 6 fr.; Alger, Seine : Pour les dépôts faits en dehors de la résidence du notaire : 4 fr.

Dépôt de pièces authentiques et autres (Acte de). — Honoraires par rôles de minute. — Tous les tarifs, sauf Seine : 9 fr. Alger, 8 fr.

Dépôt au greffe de procès-verbal de difficultés ou autres actes. — Une vacation. — Tous les tarifs, sauf Alger, 8 fr.

Dépôt de sommes et valeurs ou objets à un particulier. — Honoraires par rôles de minute. — Tous les tarifs, sauf Alger, 8 fr.

Désaveu de paternité. — Agen, Aix, Amiens, Bourges, Nancy, Nîmes, Paris, Poitiers : 6 fr. ; Alger, Angers, Rennes ; 8 fr. ; Seine : 9 fr. ; les autres tarifs : 10 fr.

Désistement d'appel d'instance, d'hypothèque ou de privilège, de plainte, de réméré, etc. — *En brevet.* Seine : 4 fr. 50) ; les autres tarifs : 4 fr.

En minute. Alger, Toulouse : 8 fr. ; Seine : 9 fr. ; les autres tarifs : 6 fr.

Devis et marchés. — Honoraires comme en matière de vente ou de louage, suivant le cas. — Tous les tarifs autres que ceux de Pau et de Rennes, dans lesquels les devis et marchés ne sont pas tarifés.

Dispense de notification de contrat, de signification de transport de congé, etc. — *En brevet.* Seine : 4 fr. 50 ; les autres tarifs : 4 fr.
En minute. Alger, 8 fr.; Seine : 9 fr. ; les autres tarifs : 6 fr.
2 fr. en plus par chaque partie, en sus de la première, ayant un intérêt distinct et intervenant dans l'acte. — Tous les tarifs.

Dispense de rapport par le donateur. — (Faite par acte séparé). Bastia : 5 fr. ; Alger, 8 fr.; Seine : 9 fr. ; les autres tarifs : 12 fr.

Dissolution de Société d'habitation ou de travail. — Aix : 8 fr. ; Angers, Rennes, Toulouse : 12 fr. Alger, Limoges, Nancy, Seine, Rouen : Honoraires comme en matière de dissolution de société; les autres tarifs, 6 fr.

Distribution de deniers par contribution. — Rouen : 0,50 0/0; Pau : 0,60 0/0;
Riom : 0,75 0/0 de 1 à 50,000 fr.; 0,50 0/0 de 50,000 à 100,000 fr.; 0,25 0/0 au-dessus.
Poitiers : 0,75 0/0 de 1 à 100,000 fr.; 0,50 0/0 de 100,000 à 300,000 fr.; 0,25 0/0 au-dessus, sur l'actif brut;
Bastia : 1 0/0 de 1 à 5,000 fr.; 0,50 0/0 de 5,000 à 30,000 fr.; 0,25 0/0 au-dessus;

Douai : 1 0/0 de 1 à 15,000 fr.; 0,50 0/0 de 15,000 à 100,000 fr.; 0,25 0/0 au-dessus sur l'actif brut;

Besançon : 1 0/0 de 1 à 50,000 fr.; 0,75 0/0 de 50,000 à 100,000 fr.; 0,50 0/0 de 100,000 à 200,000 fr.; 0,25 0/0 au-dessus;

Nîmes : 1 0/0 de 1 à 50,000 fr.; 0,50 0/0 de 50,000 à 100,000 fr.; 0,25 0/0 au-dessus;

Angers : 1 0/0 de 1 à 50,000 fr.; 0,50 0/0 de 50,000 à 500,000 fr.; 0,25 0/0 au-dessus;

Bourges : 1 0/0 de 1 à 50,000 fr.; 0,50 0/0 au-dessus;

Caen, Limoges, Orléans : 1 0/0 de 1 à 50,000 fr.; 0,50 0/0 de 50,000 à 300,000 fr.; 0,25 0/0 au-dessus;

Dijon : 1 0/0 de 1 à 100,000 fr.; 0,75 0/0 de 100,000 à 200,000 fr.; 0,50 0/0 de 200,000 à 300,000 fr.; 0,25 0/0 au-dessus;

Agen, Aix, Amiens, Chambéry, Grenoble, Montpellier, Nancy, Rennes: 1 0/0 de 1 à 100,000 fr.; 0,50 0/0 de 100,000 à 300,000 fr.; 0,25 0/0 au-dessus;

Bordeaux, Paris, Toulouse : 1 0/0 de 1 à 200,000 fr.; 0,50 0/0 de 200,000 à 500,000 fr.; 0,25 0/0 au-dessus;

Lyon : 1 0/0 de 1 à 300,000 fr.; 0,50 0/0 de 300,000 fr. à 1 million; 0,25 0/0 au-dessus; Alger 1 0/0 de 1 à 200,000 fr.; 0,50 0/0 de 201 à 400,000 francs; 0,125 0/0 au-dessus.

Seine : 1 0/0 sur le montant total des collocations.

Minimum : Agen, Douai: 6 fr.; Bastia, Limoges, Paris, Toulouse : 8 fr.; Amiens, Bordeaux, Chambéry, Grenoble, Lyon, Montpellier, Nîmes, Orléans, Rennes, Riom, Rouen : 10 fr.; Angers, Besançon, Caen, Dijon, Nancy, Pau, Poitiers : 12 fr.; Aix : 15 fr.; Bourges, 20 fr.; Seine : sans minimum.

Donation entre vifs. — A. — Acceptée. — Sur la valeur des biens donnés. Alger, 1 0/0 de 1 à 200,000 fr.; 0,50 0/0 de 200,000 à 400,000 fr.; 0,25 0/0 de 401 à 800,000 fr.; 0,125 0/0 au-dessus.

Agen : *sans distinction de lignes :* 1 0/0 de 1 à 100,000 fr.; 0,50 0/0 de 100,000 à 300,000 fr.; 0,25 0/0 au-dessus.

Aix. *En ligne directe :* 1 0/0 de 1 à 100,000 fr.; 0,50 0/0 de 100,000 à 500,000 fr.; 0,25 0/0 au-dessus; *En ligne collatérale :* 1,25 0/0 de 1 à 50,000 fr.; 1 0/0 de 50,000 à 100,000 fr.; 0,50 0/0 au-dessus; *Entre étrangers :* 1,50 0/0 de 1 à 50,000 fr.; 1 0/0 de 50,000 à 100,000 fr.; 0,50 0/0 au-dessus;

Amiens. *Sans distinction de lignes :* 1 0/0 de 1 à 100,000 fr.; 0,50 0/0 de 100,000 à 300,000 fr.; 0,25 0/0 au-dessus;

Angers. *En ligne directe :* 1 0/0 de 1 à 50,000 fr.; 0,50 de 50,000 à 500,000 fr.; 0,25 0/0 au-dessus; *En ligne collatérale et entre étrangers :* 1 0/0 de 1 à 100,000 fr. ; 0,50 0/0 de 100,000 à 500,000 fr.; 0,25 0/0 au-dessus;

Bastia. *Sans distinction de lignes :* 1 0/0 de 1 à 10,000 fr.; 0,75 0/0 de 10,000 à 20,000 fr.; 0,50 0/0 de 20,000 à 50,000 fr.; 0,25 0/0 au-dessus;

Besançon. *En ligne directe :* 1 0/0 de 1 à 100,000 fr.; 0,50 0/0 de 100,000 à 200,000 fr.; 0,25 0/0 au-dessus; *En ligne collatérale et entre étrangers :* 1,25 0/0 de 1 à 100,000 fr.; 0,70 0/0 de 100,000 à 200,000 fr.; 0,50 0/0 de 200,000 à 300,000 fr.; 0,25 0/0 au-dessus;

Bordeaux. *Sans distinction de lignes :* 1 0/0 de 1 à 200,000 fr.; 0,50 0/0 200,000 à 500,000 fr.; 0,25 0/0 au-dessus;

Bourges. *En ligne directe :* 1 0/0 de 1 à 100,000 fr.; 0,50 0/0 de 100,000 à 500,000 fr.; 0,25 0/0 au-dessus; *En ligne collatérale et entre étrangers :* 1 0/0 de 1 à 200,000 fr.; 0,50 0/0 de 200,000 à 500,000 fr.; 0,25 0/0 au-dessus;

Caen. *En ligne directe :* 1 0/0 de 1 à 100,000 fr.; 0,50 0/0 de 100,000 à 500,000 fr.; 0,25 0/0 au-dessus; *En ligne collatérale et entre étrangers :* 1 0/0 de 1 à 200,000 fr.; 0,50 0/0 de 200,000 à 500,000 fr.; 0,25 0/0 au-dessus.

Chambéry. *En ligne directe :* 1 0/0 de 1 à 50,000 fr.; 0,50 0/0 de 50,000 à 300,000 fr.; 0,25 0/0 au-dessus; *En ligne collatérale et entre étrangers :* 1,50 0/0 de 1 à 50,000 fr.; 1 0/0 de 50,000 à 100,000 fr.; 0,50 0/0 au-dessus.

L'OFFICE GÉNÉALOGIQUE ne demande jamais aucune provision.

Dijon. *En ligne directe :* 1 0/0 de 1 à 100,000 fr.; 0,50 0/0 de 100,000 à 300,000 fr.; 0,25 0/0 au-dessus; *En ligne collatérale et entre étrangers :* 1,25 0/0 de 1 à 100,000 fr.; 0,50 0/0 au-dessus.

Douai. *Sans distinction de lignes :* 1 0/0 de 1 à 50,000 fr.; 0,50 0/0 de 50,000 à 200,000 fr.; 0,25 0/0 au-dessus;

Grenoble. *En ligne directe :* 1 0/0 de 1 à 50,000 fr.; 0,50 0/0 de 50,000 à 300,000 fr.; 0,25 0/0 au-dessus; *En ligne collatérale et entre étrangers :* 1,50 0/0 de 1 à 50,000 fr.; 1 0/0 de 50,000 à 100,000 fr.; 0,50 0/0 au dessus;

Limoges. *En ligne directe :* 1 0/0 de 1 à 100,000 fr; 0,50 0/0 de 100,000 à 500,000 fr.; 0,25 0/0 au-dessus; *En ligne collatérale et entre étrangers :* 1,25 0/0 de 1 à 100,000 fr.; 1 0/0 de 100,000 à 200,000 fr.; 0,50 0/0 au-dessus.

Lyon. *En ligne directe :* 1 0/0 de 1 à 300,000 fr.; 0,50 0/0 de 300,000 à 600,000 fr.; 0,25 0/0 au-dessus; *En ligne collatérale et entre étrangers :* 1,25 0/0 de 1 à 300,000 fr.; 0,75 0/0 de 300,000 à 600,000 fr.; 0,50 0/0 au-dessus.

Montpellier. *Sans distinction de lignes :* 1 0/0 de 1 à 100,000 fr.; 0,50 0/0 de 100,000 à 300,000 fr.; 0,25 0/0 au-dessus;

Nancy. *En ligne directe :* 1 0/0 de 1 à 50,000 fr.; 0,75 0/0 de 50,000 à 100,000 fr.; 0,50 0/0 de 100,000 à 500,000 fr.; 0,25 0/0 au-dessus; *En ligne collatérale et entre étrangers :* 1,25 0/0 de 1 à 50,000 fr.; 1 0/0 de 50,000 à 100,000 fr.; 0,50 0/0 de 100,000 à 500,000 fr.; 0,25 0/0 au-dessus;

Nîmes. *En ligne directe :* 1 0/0 de 1 à 100,000 fr.; 0,50 0/0 de 100,000 à 500,000 fr.; 0,25 0/0 au-dessus; *En ligne collatérale et entre étrangers :* 1,50 0/0 de 1 à 50,000 fr.; 1 0/0 de 50,000 à 100,000 fr.; 0,50 0/0 au-dessus;

Orléans. *En ligne directe :* 1 0/0 de 1 à 50,000 fr.; 0,50 0/0 de 50,000 à 300,000 fr.; 0,25 0/0 au-dessus; *En ligne collatérale et entre étrangers :* 1 0/0 de 1 à 100,000 fr.; 0,50 0/0 au-dessus;

Paris. *Sans distinction de lignes :* 1 0/0 de 1 à 200,000 fr.; 0,50 0/0 de 200,000 à 500,000 fr.; 0,25 0/0 au-dessus;

Pau. *Sans distinction de lignes :* 1 0/0 de 1 à 100,000 fr.; 0,50 de 100,000 à 500,000 fr.; 0,25 0/0 au-dessus.

Poitiers. *En ligne directe :* 1 0/0 de 1 à 100,000 fr.; 0,50 0/0 de 100,000 à 500,000 fr.; 0,25 0/0 au-dessus; *En ligne collatérale et entre étrangers :* 1,25 0/0 de 1 à 100,000 fr.; 1 0/0 de 100,000 à 200,000 fr., 0,75 0/0 de 200,000 à 500,000 fr.; 0,50 0/0 au-dessus;

Rennes. *En ligne directe :* 1 0/0 de 1 à 100,000 fr.; 0,50 0/0 de 100,000 à 300,000 fr.; 0,25 0/0 au-dessus; *En ligne collatérale et entre étrangers :* 1,25 0/0 de 1 à 100,000 fr.; 0,50 0/0 au-dessus;

Riom. *En ligne directe :* 1 0/0 de 1 à 50,000 fr.; 0,75 0/0 de 50,000 à 100,000 fr.; 0,50 0/0 de 100,000 à 300,000 fr.; 0,25 0/0 au-dessus; *En ligne collatérale et entre étrangers :* 1,25 0/0 de 1 à 50,000 fr.; 0,75 0/0 de 50,000 à 100,000 fr.; 0,50 0/0 au-dessus;

Rouen. *Sans distinction de lignes :* 1 0/0 de 1 à 100,000 fr.; 0,50 0/0 de 100,000 à 500,000 fr.; 0,25 0/0 au-dessus;

Toulouse. *En ligne directe :* 1 0/0 de 1 à 100,000 fr.; 0,50 0/0 de 100,000 à 500,000 fr.; 0,25 0/0 au-dessus; *En ligne collatérale et entre étrangers :* 1,25 0/0 de 1 à 200,000 fr.; 0,50 0/0 de 200,000 à 500,00 fr.; 0,25 0/0 au-dessus;

Seine. *Sans distinction de lignes :* 1 0/0 de 1 à 500,000 fr.; 0,50 0/0 de 500,000 fr. à un million; 0,25 0/0 de 1 à 3 millions; 0,125 0/0 au-dessus, sur la valeur nette des sommes ou biens donnés.

B. — Non acceptée. — Les trois quarts de l'honoraire de la donation acceptée. — Tous les tarifs.

C. — Acceptation de donation. — Le quart de l'honoraire de la donation acceptée. — Tous les tarifs.

Minimum : Aix ; 8 fr. ; Agen, Bourges : 12 fr. ; les autres tarifs ; 10 fr. ; Alger, Seine : sans minimum.

Donation entre époux pendant le mariage.

A. — Honoraire de rédaction. — *En l'étude :* Angers, Caen, Dijon,

Douai, Montpellier, Nîmes : 6 fr.; Seine : 9 fr.; Bastia, Poitiers, Rouen : 10 fr.; les autres tarifs : 8 fr.

Au domicile des parties : Douai : 8 fr.; Angers, Caen, Montpellier, Nîmes : 10 fr.; Limoges, Rouen : 15 fr.; les autres tarifs : 12 fr.; Alger, Seine : sans indication spéciale.

La nuit : Douai, Nancy, Paris, Poitiers : 16 fr.; les autres tarifs : 20 fr.; Alger, Seine : sans indication spéciale.

B. — HONORAIRES DUS AU DÉCÈS. — Tous les tarifs : Comme en matière de testament, sauf Poitiers : 1 0/0 de 1 à 100,000 fr.; 0,50 0/0 de 100,000 à 500,000 fr.; 0,25 0/0 au-dessus.

Seine : 0,25 0/0 jusqu'à 3 millions ; 0,125 0/0 au-dessus, sur la valeur de l'actif recueilli. Alger, 0,25 0/0 de 1 à 200,000 fr.; 0,125 0/0 au-dessus.

Echange. — Honoraires comme en matière de vente sur la valeur la plus forte des deux lots échangés. — Tous les tarifs sauf Alger et Seine. Comme en matière de vente immobilière ou mobilière, suivant le cas, sur la valeur la plus importante des immeubles ou meubles échangés.

Minimum : 5 francs. — Tous les tarifs. Seine : sans minimum.

Endossement. — Agen, Aix, Amiens, Bordeaux, Chambéry, Grenoble, Lyon, Rouen 0,50 0/0 ; Alger, 0,25 0/0 de 1 à 200,000 ; 0,125 0/0 au-dessus; les autres tarifs : 0,25 0/0.

Minimum : Bordeaux, Riom, Toulouse : 5 francs ; les autres tarifs : 2 francs ; Seine : sans minimum.

Engagement de gens de mer. — Caen : 0,20 0/0 ; Besançon : 30 0/0 ; Pau : 0,40 0/0 ; Bordeaux, Limoges, Montpellier : 0,50 0/0 ; Lyon : 0,40 0/0 de 1 à 10.000 francs ; 0,25 0/0 au-dessus ;

Bourges, Chambéry, Grenoble : 0,50 0/0 de 1 à 5,000 francs : 0,25 0/0 au-dessus ;

Nîmes, 0,50 0/0 de 1 à 25,000 francs ; 0,25 0/0 au-dessus ; les autres tarifs : 0,25 0/0 ; Alger, 0,25 0/0 de 1 à 200,000 ; 0,125 0/0 au-dessus.

Minimum : Caen, Nancy : 4 francs ; Agen, Aix, Angers, Besançon, Bordeaux, Chambéry, Douai, Grenoble, Lyon, Nîmes : 6 francs ; les autres tarifs : 5 francs ; Alger, Seine : sans minimum.

Engagement théâtral. — Caen : 0,20 0/0 ; Agen, Angers, Bastia, Douai, Orléans, Paris, Seine, Poitiers, Rennes, Riom, Rouen : 0,25 0/0 ; Besançon, Dijon : 0,30 0/0 ; Pau : 40 0/0.

Lyon : 0,40 0/0 de 1 à 10.000 francs ; 0,25 0/0 au-dessus ;

Aix, Amiens, Bordeaux, Limoges, Montpellier, Toulouse : 0,50 0/0 ;

Bourges, Chambéry, Grenoble : 0,50 0/0 de 1 à 5,000 francs ; 0,25 0/0 au-dessus ; Alger, 0,25 0/0 de 1 à 200,000 fr. ; 0,125 0/0 au-dessus ;

Nîmes : 0,50 0/0 de 1 à 25,000 francs ; 0,25 0/0 au-dessus ;

Nancy : 0,50 0/0 de 1 à 50.000 francs ; 0,25 0/0 au-dessus.

Minimum : Caen, Nancy : 4 francs ; Agen, Aix, Amiens, Angers, Besançon, Bordeaux, Chambéry, Douai, Grenoble, Lyon, Nîmes : 6 francs ; les autres tarifs : 5 francs ; Alger, Seine : sans minimum.

Etablissement d'origine de propriété. — (Par acte séparé). Honoraires par rôles de minutes. — Tous les tarifs.

Etat de dettes, de meubles. — Honoraires par rôles de minute. — Tous les tarifs (sauf Alger, 8 francs).

Etats de lieux (Procès-verbal d'). — Honoraires par rôles de minute. — Tous les tarifs.

Experts (Nomination d'). — Honoraires par rôles de minute. — Tous les tarifs (sauf Alger, non tarifé).

Formalités hypothécaires. — Pour les réquisitions de transcription d'actes translatifs de propriété, y compris les réquisitions d'états d'inscriptions, de saisies et de transcription et les certificats de non-transcription et de non-résolution ou de rescision (Et ce, non compris l'envoi de pièces) ;

Sur les actes représentant :

Un capital de moins de 500 francs . . . . 1 fr. 50
Un capital de moins de 1,000 francs . . . . 2 fr. 50
Un capital de moins de 2,000 francs . . . . 3 fr. 50
Un capital de moins de 5,000 francs . . . . 6 francs
Au-dessus de 5,000 francs . . . . 8 francs

En outre, lorsque les notaires résident au siège de la conservation des hypothèques :
Pour les réquisitions d'états d'inscriptions et de radiations, 2 francs.
Pour toutes les autres réquisitions, 1 franc — Tous les tarifs, ssuf la ville de Paris, où il est d'usage de ne réclamer que les déboursés.
Lorsque les notaires ne résident pas au siège de la consécration des hypothèques :
Pour les réquisitions d'états d'inscriptions et de radiations, 3 francs.
Pour toutes les autres réquisitions, 1 fr. 50.
Pour port de chaque envoi de pièces, 1 franc. — Tous les tarifs.
Gage et nantissement. — Honoraires comme en matière d'affectation hypothécaire. — Tous les tarifs.
Indivision (convention d'). — Honoraires par rôles de minute. — Tous les tarifs (sauf Alger, 8 francs).

Inventaire. — Honoraires par vacations. — Tous les tarifs.

Légalisation par le juge de paix ou le président du tribunal de première instance. — 0,25 par pièce légalisée. — Tous les tarifs.

Légalisation dans un ministère, une ambassade ou un consulat. — 1 franc par pièce légalisée. — Tous les tarifs.

Lettre de change. — Alger : 0,25 de 1 à 200,000 fr.; 0 125 0/0 au-dessus; Angers, Caen, Douai, Grenoble, Orléans, Seine, Poitiers, Riom : 0.25 0/0; Agen : 0,60 0/0; Amiens : 0,50 0/0 de 1 à 100,000 fr.; 0,25 0/0 au-dessus; les autres tarifs : 0,50 0/0.
Minimum : Aix, Angers, Dijon, Lyon, Montpellier : 2 fr.; Paris, Rennes : 4 fr.; les autres tarifs : 3 fr.; Alger, Seine : sans minimum.

Licitation. — A. — De gré a gré.
Si l'indivision cesse : honoraires comme en matière de partage C, sur l'ensemble des bien licités. Tous les tarifs.
Minimum : Angers : 5 fr.; Bordeaux : 8 fr.; Douai, Nimes : 10 fr.; Montpellier, Orléans : 12 fr.; les autres tarifs : 15 fr.; sauf Alger, Nancy, Pau, Poitiers, Riom. Seine : sans minimum.
Dans le cas contraire : honoraires comme en matière de vente sur la part acquise. — Tous les tarifs.
Minimum : Riom : 8 fr.; les autres tarifs : 5 fr.; sauf Aix, Alger, Seine, Rouen : sans minimum.
B. — Par adjudication volontaire. — Honoraires comme en matière de vente par adjudication volontaire.
(L'honoraire est perçu sur le prix total des immeubles licités. — Tous les tarifs.

C. — Judiciaire — Article 14 de l'ordonnance du 10 octobre 1811 et la loi du 23 octobre 1884.
Liquidation de reprises. — Sur les sommes payées ou garanties, augmentées de la moitié du surplus de la créance de la femme.
Bastia : 1 0/0 de 1 à 20,000 fr.; 0,50 0/0 de 20,000 à 50,000 fr.; 0,25 0/0 de 50,000 fr. à 5 millions; 0,125 0/0 au-dessus;
Riom : 1 0/0 de 1 à 50,000 fr.; 0,75 0/0 de 50,000 à 100,000 fr.; 0,50 0/0 de 100,000 à 300,000 fr.; 0,25 0/0 de 300,000 fr. à 5 millions; 0,125 0/0 au-dessus;
Nimes : 1 0/0 de 1 à 50,000 fr.; 0,60 0/0 de 50,000 à 100,000 fr.; 0,30 0/0 de 100,000 fr. à 5 millions; 0,125 0/0 au-dessus;
Amiens, Dijon : 1 0/0 de 1 à 100,000 fr.; 0,75 0/0 de 100,000 à 200,000 fr.; 0,50 0/0 de 200,000 à 5 00,000 fr.; 0,25 0/0 de 500,000 fr. à 5 millions; 0,125 0/0 au-dessus.
Paris : 1 0/0 de 1 à 100,000 fr. 0,50 0/0 de 100,000 à 200,000 fr.; 0,25 0/0 de 200,000 fr. à 5 millions; 0,125 0/0 au-dessus;
Caen, Montpellier, Nancy : 1 0/0 de 1 à 100.000 fr.; 0,50 0/0 de 100,000 à 300,000 fr.; 0,25 0/0 de 300,000 fr. à 5 millions; 0,125 0/0 au-dessus.
Douai : 1 0/0 de 1 à 100,000 fr.; 0,50 0/0 de 100,000 à 400,000 fr.; 0,25 0/0 de 400,000 fr. à 5 millions; 0,125 0/0 au-dessus;

Aix, Angers, Limoges, Orléans, Poitiers, Rouen : 1 0/0 de 1 à 100,000 fr.; 0,50 0/0 de 100,000 à 500,000 fr.; 0,25 0/0 de 500,000 fr. à 5 millions; 0,125 0/0 au-dessus;

Pau : 1 0/0 de 1 à 150,000 fr.; 0,50 0/0 de 150,000 à 500,000 fr.; 0,25 0/0 de 500,000 fr. à 5 millions; 0,125 0/0 au-dessus;

Agen, Besançon, Bourges, Chambéry, Grenoble, Rennes : 1 0/0 de 1 à 200,000 fr.; 0,50 0/0 de 200,000 à 500,000 fr.; 0,25 0/0 de 500,000 fr. à 5 millions; 0,125 0/0 au-dessus.

Seine : 1 0/0 de 1 à 300,000 fr.; 0,50 0/0 de 300,000 à 600,000 fr.; 0,25 0/0 de 600,000 fr. à 1 million; 0,125 0/0 de 1 à 20 millions; 0,0625 0/0 au-dessus;

Lyon : 1 0/0 de 1 à 300,000 fr.; 0,75 0/0 de 300,000 à 600,000 fr.; 0,50 0/0 de 600,000 fr. à 1 million; 0,25 0/0 de 1 à 5 millions; 0,125 0/0 au-dessus;

Toulouse : 1 0/0 de 1 à 300,000 f..; 0,50 0/0 de 300,000 à 600,000 fr.; 0,25 0/0 de 600,000 fr. à 5 millions 0,125 0/0 au-dessus;

Bordeaux : 1 0/0 de 1 à 500,000 fr.; 0,75 0/0 de 500,000 fr. à 1 million; 0,50 0/0 de 1 à 2 millions; 0,25 0/0 de 2 à 5 millions; 0,125 0/0 au-dessus;

Alger : 1 0/0 de 1 à 200,000 fr.; 0,50 0/0 de 200,001 à 400,000 fr.; 0,25 0/0 de 400,001 à 800,000 fr.; fr.; 0,125 0/0 au-dessus; 0,10 0/0 sur les reprises en nature. — Tous les tarifs.

Minimum : Bastia, Bordeaux, Montpellier, Nîmes, Orléans, Toulouse : 10 fr.; Caen, Chambéry, Douai, Grenoble, Paris, Poitiers, Rennes, Riom, Rouen : 12 fr.; Agen, Aix, Amiens, Angers, Besançon, Bourges, Dijon, Limoges, Lyon, Nancy, Pau : 15 fr.; Alger, Seine : sans minimum.

Lotissement. — *Avec tirage au sort.* — Honoraires comme en matière de partage volontaire ou judiciaire suivant le cas.

Sans tirage au sort. — Moitié des honoraires ci-dessus.

Cette tarification est spéciale à Alger et à la Seine.

Mainlevée d'écrou ou de saisie. — *En brevet :* Seine : 4 fr. 50; les autres tarifs : 4 fr.

En minute : Alger. 8 fr.; Seine : 9 fr.; les autres tarifs : 6 fr.

Mainlevée d'inscription hypothécaire de privilége.

A. — *Définitive ou partielle réduisant la créance :* Besançon : 0.05 0/0; Paris Pau : 0.15 0/0; Amiens : 0.20 0/0; Aix, Chambéry, Grenoble, Toulouse : 0.25 0/0; Agen 0.30 0/0; Limoges : 0.20 0/0 de 1 à 10,000 fr., 0,10 0/0 au-dessus;

Nîmes : 0.20 0/0 de 1 à 25,000 fr.; 0.15 0/0 de 25,000 à 100,000 fr.; 0.10 0/0 au-dessus; les autres tarifs : 0.10 0/0;

Minimum : Besançon, Bordeaux, Caen, Orléans, Paris : 4 fr.; Amiens, Angers, Bastia, Dijon, Nancy, Pau, Poitiers, Rennes, Riom : 5 fr.; les autres tarifs : 6 fr.; Alger, Seine sans minimum.

B. — *Réduisant le gage :* Besançon, Caen, Orléans, Poitiers : 4 fr.; Amiens, Paris : 5 fr.; Alger, 8 fr., Seine : 9 fr.; les autres tarifs : 6 fr.

Lorqu'il y a une ou plusieurs mainlevées partielles réduisant la créance, l'honoraire pour mainlevée difinitive est perçu seulement sur la somme qui restait garantie. — Tous les tarifs.

Mention marginale. — 2 fr. — Tous les tarifs, sauf Alger et Seine, 3 fr.

Mines et carrières (cession ou exploitation). — Honoraires comme en matière de vente. — Tous les tarifs.

Minimum : Chambéry, Grenoble, Toulouse : 5 fr.; les autres tarifs : sans minimum.

Mitoyenneté. — *Abandon :* Aix, Caen, Chambéry, Grenoble, Lyon, Orléans : 5 fr.; Alger, Toulouse : 8 fr. Seine : 9 fr.; les autres tarifs : 6 fr.

Cession : Honoraire comme en matière de vente. — Tous les tarifs.

Convention : Honoraire par rôles de minute. — Tous les tarifs.

Minimum : Bordeaux : 6 fr.; les autres tarifs : sans minimum.

Nomination. — *Nomination de conseil à une mère tutrice ou de tuteur.* (art. 391-397 du Code civil) : Aix, Angers, Bastia, Besançon, Caen, Dijon Douai, Nancy, Nîmes, Orléans Poitiers, Rennes : 6 fr.; Agen, Bordeaux,

Bourges, Montpellier, Pau, Toulouse : 8 fr.; Seine : 9 fr.. — Chambéry, Grenoble, Limoges, Lyon, Paris, Riom, Rouen : 10 fr.; Amiens : 12 fr.

Nomination d'exécuteur testamentaire : Agen, Alger, Bordeaux, Bourges, Montpellier, Paris, Pau, Toulouse : 8 fr.; Seine : 9 fr.; Limoges, Lyon, Rennes, Rouen : 10 fr.; Amiens : 12 fr.; les autres tarifs : 6 fr.;

Nomination de séquestre, gardien ou dépositaire : Poitiers : 4 fr.; Alger, Paris, Pau, Toulouse : 8 fr.; Seine 9 fr.; les autres tarifs : 6 fr.

Notoriété (Acte de). — A. — SIMPLE. *En brevet :* Seine : 4 fr. 50; Poitiers : 5 fr.; les autres tarifs : 4 fr.

En minute : Alger, Poitiers : 8 fr.; Seine : 9 fr.; les autres tarifs : 6 fr.

B. — COMPLEXE. *En brevet :* Poitiers : 5 fr.; Nimes : 6 fr.; Seine : 9 fr.; les autres tarifs : 8 fr.;

En minute : Poitiers : 8 fr.; Amiens, Angers, Toulouse : 10 fr.; les autres tarifs : 12 fr. Alger, sans tarification spéciale.

Obligation. — Bastia : 1 0/0 de 1 à 20,000 fr.; 0.50 0/0; de 20,000 à 50,000 fr.; 0.25 0/0 au-dessus;

Caen, Montpellier, Riom : 1 0/0 de 1 à 100,000 fr.; 0.50 0/0 de 100,000 à 300,000 fr; 0.25 0/0 au-dessus;

Nimes, Pau, Rouen : 1 0/0 de 1 à 100,000 fr.; 0.50 0/0 de 100,000 à 500,000 fr.; 0.25 0/0 au-dessus;

Dijon : 1 0/0 de 1 à 100,000 fr.; 0.75 0/0 de 100,000 à 200,000 fr.; 0.50 0/0 de 200,000 à 300.000 fr.; 0.25 0/0 au-dessus;

Agen, Aix, Amiens, Chambéry, Douai, Grenoble, Orléans, Rennes : 1 0/0 de 1 à 150.000 fr.; 0.50 0/0 de 150,000 à 500,000 fr.; 0.25 0/0 au-dessus.

Nancy : 1 0/0 de 1 à 150,000 fr.; 0.50 0/0 de 150,000 à 500,000 fr.; 0.25 0/0 au-dessus, avec garantie : trois quarts de ces honoraires, sans garantie;

Lyon : 1 0/0 de 1 à 150,000 fr.; 0.75 0/0 de 150,000 à 300,000 fr.; 0.50 0/0 de 300,000 à 600,000 fr.; 0.25 0/0 au-dessus;

Angers, Besançon, Bordeaux, Bourges, Limoges, Paris, Toulouse : 1 0/0 de 1 à 200.000 fr.; 0.50 0/0 de 200,000 à 500,000 fr.; 0.25 0/0 au-dessus;

Seine : 1 0/0 de 1 à 500,000 fr.; 0.50 0/0 de 500,000 fr. à 2 millions; 0.25 0/0 au-dessus; moitié de ces honoraires, lorsque les fonds sont remis hors la vue des notaires;

Poitiers : 1.25 0/0 de 1 à 5,000 fr., 1 0/0 de 5,000 à 100,000.; 0.50 0/0 de 100,000 à 500.000 fr.; 0.25 0/0 au-dessus; Alger, 1 0/0 de 1 à 200,000 fr.; 50 0/0 de 200,001 à 400,000 fr.; 0.25 0/0 de 400,001 à 800,000 fr.; 0.25 0/0 au-dessus. Moitié de ces honoraires lorsque ces fonds sont versés hors vue des notaires.

Minimum : Tous les tarifs : 5 fr.; sauf ceux d'Alger et de la Seine qui sont sans minimum.

Ordre amiable (avec ou sans quittance). — Pau : 1 0/0 de 1 à 50,000 fr.; 0.50 0/0 au-dessus; *minimum :* 10 fr.

Seine : 1 0/0 de 1 à 800.000 fr; 0.50 0/0 de 800,000 fr. à 2 millions; 0.25 0/0 au-dessus, sur le montant total des collocations.

Les autres tarifs : Honoraires comme en matière de distribution de deniers.

Partage volontaire ou judiciaire. — A. — AVEC OU SANS LIQUIDATION DE COMMUNAUTÉ, DE SUCCESSION OU DE SOCIÉTÉ. — Sur l'actif brut, rapports non compris, déduction faite des legs particuliers.

Nimes : 1 0/0 de 1 à 50,000 fr.; 0.60 0/0 de 50,000 à 100,000 fr.; 0.30 0/0 de 100,000 fr. à 5 millions; 0.125 0/0 au-dessus;

Riom : 1 0/0 de 1 à 50,000 fr.; 0.75 0/0 de 50,000 à 100,000 fr.; 0.50 0/0 de 100,000 à 300,000 fr.; 0.25 0/0 de 300,000 fr. à 5 millions; 0.125 0/0 au-dessus;

Amiens, Dijon : 1 0/0 de 1 à 100,000 fr.; 0.75 0/0 de 100,000 à 200,000 fr.; 0.50 0/0 de 200,000 à 500,000 fr.; 0.25 0/0 de 500,000 fr. à 5 millions; 0.125 0/0 au-dessus;

Caen, Montpellier, Nancy : 1 0/0 de 1 à 100,000 fr.; 0.50 0/0 de 100,000 à 300,000 fr.; 0.25 0/0 de 300,000 fr. à 5 millions; 0.125 0/0 au-dessus;

Douai : 1 0/0 de 1 à 100,000 fr.; 0.50 0/0 de 100,000 à 400,000 fr.; 0.25 0/0 de 400,000 fr. à 5 millions; 0.125 0/0 au-dessus;

2

Aix, Angers, Limoges, Orléans, Poitiers, Rouen : 1 0/0 de 1 à 100,000 fr.; 0.50 0/0 de 100,000 à 500.000 fr.; 0.25 0/0 de 500,000 fr. à 5 millions ; 0.125 0/0 au-dessus;

Pau : 1 0/0 de 1 à 150,000 fr.; 0.50 0/0 de 150,000 à 500,000 fr.; 0.25 0/0 de 500,000 fr. à 5 millions ; 0.125 0/0 au-dessus;

Agen, Bastia, Besançon, Bourges, Chambéry, Grenoble, Paris, Rennes : 1 0/0 de 1 à 200,000 fr.; 0.50 0/0 de 200,000 à 500,000 fr.; 0.25 0/0 de 500,000 à 5 millions 0.125 0/0 au-dessus;

Lyon : 1 0/0 de 1 à 300,000 fr.; 0.75 0/0 de 300,000 à 600,000 fr.; 0.50 0/0 de 600,000 fr. à 1 million; 0.25 0/0 de 1 à 5 millions; 0.125 0/0 au-dessus;

Toulouse : 1 0/0 de 1 à 300,000 fr.; 0.50 0/0 de 300,000 à 600,000 fr.; 0.25 0/0 de 600,000 fr. à 5 millions ; 0.125 0/0 au-dessus;

Bordeaux : 1 0/0 de 1 à 500.000 fr.; 0.75 0/0 de 500,000 fr. à 1 million; 0.50 0/0 de 1 million à 2 millions; 0.25 0/0 de 2 à 5 millions; 0.125 0/0 au-dessus;

Seine. — *Volontaire* : 1 0/0 de 1 à 500.000 fr.; 0.50 0/0 de 500,000 fr. à 1 million; 0.25 0/0 de 1 à 3 millions; 0.125 0/0 de 3 à 20 millions 0.0625 0/0 au-dessus; — *Judiciaire* : 1 0/0 de 1 à 300,000 fr.; 0.50 0/0 de 300,000 à 600,000 fr.; 0.25 0/0 de 600,000 fr. à 1 million; 0.125 0/0 de 1 à 20 millions ; 0.0625 0/0 au-dessus. Alger, volontaire ou judiciaire de 1 0/0 à 200,000 fr.; 0.50 0/0 de 200,001 à 400,000 fr.; 0.25 0/0 de 400,001 à 800,000 fr.; et 0.125 0/0 au-dessus.

Dans ces deux cours, les honoraires sont perçus sur l'actif attribué, déduction faite du montant des rapports dus par les héritiers en vertu d'actes authentiques et de tout le passif, autre que les frais.

Minimum : Bordeaux : 10 fr.; Montpellier, Nîmes, Orléans : 12 fr.; Poitiers : 20 fr.; les autres tarifs : 15 fr.; sauf celui de la Seine qui est sans minimum.

B. — LIQUIDATION SANS PARTAGE. Moitié des honoraires ci-dessus. — Tous les tarifs.

Minimum : Bordeaux : 8 fr. ; Agen, Besançon, Dijon, Nîmes, Orléans : 10 fr.; Aix, Bastia, Caen, Chambéry, Douai, Grenoble, Limoges, Nancy, Paris, Pau, Poitiers, Rennes, Riom, Rouen : 12 fr.; Amiens, Lyon : 15 fr.; Alger, Angers, Bourges, Montpellier, Seine, Toulouse : sans minimum.

C. — PARTAGE DE BIENS INDIVIS DANS LES CAS AUTRES QUE CEUX PRÉVUS AU PARAGRAPHE A CI-DESSUS. — Bastia, Lyon, Paris, Riom, Rouen : Les trois quarts des honoraires perçus en matière de partage A.

Alger et Seine : Les trois quarts des honoraires perçus en matière de partage volontaire, sur l'actif brut.

Bourges : 0,75 0/0 de 1 à 50,000 fr.; 0.375 0/0 au-dessus ;

Agen, Chambéry, Grenoble : 0.75 0/0 de 1 à 50,000 fr.; 0.50 0/0 de 50,000 à 500,000 fr.; 0.25 0/0 au-dessus;

Angers, Limoges, Montpellier : 0,75 0/0 de 1 à 100,000 fr.; 0.375 0/0 au-dessus;

Amiens, Besançon : 0.75 0/0 de 1 à 100,000 fr.; 0.50 0/0 de 100,000 à 200.000 fr.; 0.25 0/0 au-dessus;

Dijon : 0.75 0/0 de 1 à 100.000 fr.; 0.50 0/0 de 100,000 à 200,000 fr.; 0.375 0/0 au-dessus;

Caen, Nancy, Orléans : 0.75 0/0 de 1 à 100,000 fr.; 0.50 0/0 de 100,000 à 300.000 fr.; 0.25 0/0 au-dessus;

Douai : 0.75 0/0 de 1 à 100,000 fr.; 0.375 0/0 de 100,000 à 400,000 fr.; 0.20 0/0 au-dessus;

Aix : 0.75 0/0 de 1 à 100,000 fr.; 0.50 0/0 de 100,000 à 500,000 fr. 0.25 0/0 au-dessus;

Pau, Rennes : 0.75 0/0 de 1 à 150,000 fr.; 0.375 0/0 au-dessus.

Bordeaux : 0.75 0/0 de 1 à 300.000 fr.; 0.50 0/0 de 300,000 à 1 million; 0.25 0/0 au-dessus;

Nîmes : 0.80 0/0 de 1 à 50,000 fr.; 0.50 0/0 de 50,000 à 100,000 fr.; 0.25 0/0 au-dessus;

Poitiers : 1 0/0 de 1 à 5,000 fr.; 0.75 0/0 de 5,000 à 50.000 fr.; 0.50 0/0 de 50,000 à 500.000 fr.; 0.25 0/0 au-dessus;

Toulouse : 1 0/0 de 1 à 20.000 fr.; 0.75 0/0 de 20,000 à 100,000 fr.; 0.50 0/0 au-dessus;

Minimum : Orléans : 8 fr.; Douai, Paris : 12 fr.; Angers, Besançon : 15 fr.; les autres tarifs : 10 fr.; sauf celui de la Seine qui est sans minimum.

Partage anticipé ou d'ascendants. (Art. 1075, C. civ.).

Alger, Bastia : Honoraires comme en matière de donation, entre vifs.

Nancy, Riom : 1 0/0 de 1 à 50,000 fr.; 0.75 0/0 de 50,000 à 100,000 fr.; 0.50 0/0 de 100,000 à 300,000 fr.; 0.25 0/0 de 300,000 à 5 millions; 0.125 0/0 au-dessus;

Caen : 1 0/0 de 1 à 50,000 fr.; 0.50 0/0 de 50,000 à 200,000 fr.; 0.25 0/0 de 200,000 à 5 millions; 0.125 0/0 au-dessus;

Angers : 1 0/0 de 1 à 50.000 fr.; 0.50 0/0 de 50,000 à 500,000 fr.; 0.25 0/0 de 500,000 à 5 millions; 0.125 0/0 au-dessus;

Besançon, Douai : 1 0/0 de 1 à 100,000 fr.; 0.50 0/0 de 100,000 à 200,000 fr.; 0.25 0/0 de 200,000 à 5 millions; 0.125 0/0 au-dessus;

Amiens, Dijon, Montpellier : 1 0/0 de 1 à 100,000 fr.; 0.50 0/0 de 100,000 à 300,000 fr.; 0.25 0/0 de 300,000 à 5 millions; 0.125 0/0 au-dessus;

Aix, Bourges, Chambéry, Grenoble, Limoges, Nîmes, Orléans, Poitiers, Rouen : 1 0/0 de 1 à 100,000 fr.; 0.50 0/0 de 100,000 à 500,000 fr.; 0.25 0/0 de 500,000 fr. à 5 millions; 0.125 0/0 au-dessus;

Pau : 1 0/0 de 1 à 150,000 fr.; 0.50 0/0 de 150,000 à 500,000 fr.; 0.25 0/0 de 500,000 fr. à 5 millions; 0.125 0/0 au-dessus;

Agen, Paris, Rennes, Toulouse : 1 0/0 de 1 à 200,000 fr.; 0.50 0/0 de 200,000 à 500,000 fr.; 0.25 0/0 de 500,000 fr. à 5 millions; 0.125 0/0 au-dessus;

Lyon : 1 0/0 de 1 à 300,000 fr.; 0.50 0/0 de 300,000 à 600,000 fr.; 0.25 0/0 de 600,000 à 5 millions; 0.125 0/0 au-dessus;

Bordeaux : 1 0/0 de 1 à 500,000 fr.; 0.75 0/0 de 500,000 fr. à 1 million; 0.50 0/0 de 1 à 2 millions; 0.25 0/0 de 2 à 5 millions; 0.125 0/0 au-dessus;

Seine : 1 0/0 de 1 à 500,000 fr.; 0.50 0/0 de 500,000 fr. à 1 million; 0.25 0/0 de 1 à 3 millions; 0.125 0/0 de 3 à 20 millions; 0.0625 0/0 au-dessus;

Minimum : Angers, Bordeaux, Dijon, Montpellier, Nancy, Poitiers, Rouen : 10 fr.; Aix, Amiens, Besançon, Paris, Pau, Rennes : 15 fr.; les autres tarifs : 12 fr.; sauf celui de la Seine qui est sans minimum.

Partage testamentaire. — A. — *Droit exigible au moment de la rédaction de l'acte* : Honoraires par rôles de minutes. — Tous les tarifs, sauf Alger, 32 fr.

Minimum : Nîmes : 15 fr.; les autres tarifs : 20 fr.; sauf celui de la Seine qui est sans minimum.

B. — *Au décès :* Honoraires comme en matière de partage A. — Tous les tarifs.

Minimum : Aix : 20 fr. — Les autres tarifs sans minimum.

Procès-verbal de dires et protestations, de difficultés. — Honoraires par rôles de minute. Tous les tarifs.

Procuration. — A. — SPÉCIALE.

En brevet : Seine : 4.50, les autres tarifs : 4 fr.

En minute : Alger, 8 fr.; Seine : 9 fr.; les autres tarifs : 6 fr.

B. — GÉNÉRALE OU PRÉVUE PAR L'ARTICLE 2 DE LA LOI DU 21 JUIN 1843.

En brevet. Alger 4 fr.; Seine, 4.50; Poitiers : 8 fr.; les autres tarifs : 6 fr.

En minute. Seine : 9 fr.; Poitiers : 12 fr.; les autres tarifs : 8 fr.

Promesse de vente. — Alger, Seine : Un quart de l'honoraire perçu en matière de vente, avec imputation sur l'honoraire de vente, si elle se réalise dans la même étude;

Les autres tarifs : 0.25 0/0 avec imputation sur l'honoraire de vente, si elle se réalise dans la même étude.

Minimum : Bourges : 4 fr.; Bastia, Douai, Limoges, Nancy : 6 fr.; Caen : 8 fr.; Agen, Aix, Alger, Montpellier, Pau, Riom, Seine : sans minimum; les autres tarifs : 5 fr.

Prorogation de délai. — Agen, Chambéry, Grenoble : Moitié des honoraires perçus en matière d'obligation;

Rennes : Honoraires comme en matière de quittance pure et simple.·

Bordeaux : 0.25 0/0;

Bastia : 0.50 0/0 de 1 à 5,000 fr.; 0.25 0/0 de 5,000 à 100,000 fr.; 0,15 0/0 au-dessus;

Nancy, Nimes, Poitiers : 0.50 0/0 de 1 à 20,000 fr.; 0.25 0/0 au-dessus;

Alger, prorogation pure et simple, 24 fr.; contenant des dispositions nouvelles : honoraires d'obligation sur la somme ou valeur objet de la disposition nouvelle.

Angers, Bourges, Orléans : 0.50 0/0 de 1 à 50,000 fr.; 0.25 0/0 au-dessus;

Riom : 0.50 0/0 de 1 à 50,000 fr.; 0.25 0/0 de 50,000 à 100,000 fr.; 0,125 0/0 au-dessus;

Caen : 0.50 0/0 de 1 à 50,000 fr.; 0.30 0/0 au-dessus;

Aix, Amiens, Douai, Limoges, Montpellier, Pau, Rouen : 0.50 0/0 de 1 à 100,000 fr.; 0.25 0/0 au-dessus;

Besançon : 0.50 0/0 de 1 à 100,000 fr.; 0.25 0/0 de 100,000 à 200,000 fr.; 0.125 0/0 au-dessus;

Dijon : 0.50 0/0 de 1 à 100,000 fr.; 0.375 0/0 de 100,000 à 200,000 fr.; 0.25 0/0 au-dessus;

Toulouse : 0.50 0/0 de 1 à 200,000 fr.; 0.25 0/0 au-dessus;

Paris : 0.50 0/0 de 1 à 200,000 fr.; 0,25 0/0 de 200.000 à 500,000 fr.; 0.125 0/0 au-dessus;

Lyon : 0.50 0/0 de 1 à 300,000 fr.; 0.375 0/0 de 300.000 à 500,000 fr.; 0.25 0/0 au-dessus;

Seine : 0.50 de 1 à 500,000 fr.; 0,25 0/0 de 500,000 fr. à 1 million; 0.125 0/0 au-dessus.

Minimum ; Bordeaux, Bourges, Caen, Poitiers : 4 fr.; Agen, Aix, Besançon, Douai, Limoges : 6 fr.; Chambéry, Grenoble, Rennes, Seine : sans minimum; les autres tarifs : 5 fr.

Prorogation de bail. — Honoraires comme en matière de bail sur les années restant à courir. — Tous les tarifs.

Minimum : Agen : 5 fr.; les autres tarifs sans minimum.

Protêt. Décret du 23 mars 1848.

Purge légale. Honoraires par vacations. — Tous les tarifs.

Quittance. A. — *Pure et simple ou dans les cas prévus dans les articles 1250, § 2 et 1251 du Code civil.*

Bastia, Rennes : 0.50 0/0 de 1 à 20,000 fr.; 0.25 0/0 au-dessus;

Bourges, Chambéry, Grenoble, Nancy, Orléans, Riom : 0.50 0/0 de 1 à 50,000 fr.; 0.25 0/0 au-dessus;

Caen : 0.50 0/0 de 1 à 50,000 fr.; 0.30 0/0 au-dessus;

Aix, Amiens, Angers, Dijon, Douai, Limoges, Montpellier, Poitiers, Rouen : 0.50 0/0 de 1 à 100,000 fr.; 0.25 0/0 au-dessus;

Besançon : 0.50 0/0 de 1 à 100,000 fr.; 0.25 0/0 de 100,000 à 200,000 fr.; 0.125 0/0 au-dessus;

Bordeaux, Toulouse : 0,50 0/0 de 1 à 200,000 fr.; 0.25 0/0 au-dessus;

Paris : 0.50 0/0 de 1 à 200,000 fr.; 0.25 0/0 de 200,000 à 500,000 fr.; 0.125 0/0 au-dessus;

Lyon : 0.50 0/0 de 1 à 300,000 fr.; 0·375 0/0 de 300,000 à 500,000 fr. 0.25 0/0 au-dessus;

Alger, quittance pure et simple ou dans les cas prévus par l'art. 1251 c. c., 0,50 0/0 de 1 à 200,000 fr.; 0.25 0/0 de 200,001 à 400,000 fr.; 0,125 0/0 au-dessus. Moitié de ces honoraires si la quittance est la conséquence d'un acte reçu par le même notaire. Dans les cas prévus par l'article 1250, § 2, c. c. : 0.25 0/0 de 1 à 200,000 fr.; 0.125 0/0 au-dessus;

Seine : 0.50 0/0 de 1 à 800,000 fr.; 0.25 0/0 de 800,000 à 1,500,000 fr.; 0.125 au-dessus; Moitié des honoraires ci-dessus, si la quittance est la conséquence d'un acte reçu par le même notaire ou un autre notaire du département de la Seine (le tout dans le cas de quittance pure et simple ou dans les cas prévus par l'article 1251 du Code civil); — 0.25 0/0 de 1 à 800,000 fr.; 0.125 0/0 de 800,000 à 1,500,000 fr.; 0.0625 0/0 au-dessus (Dans les cas prévus par l'article 1250, § 2 du Code civil;

Pau : 0.60 0/0 de 1 à 50,000 fr. ; 0.30 0/0 au-dessus ;

Agen : 0.60 0/0 de 1 à 100,000 fr. ; 0.30 0/0 au-dessus ;

Nîmes : 0.75 0/0 de 1 à 3,000 fr. ; 0.50 0/0 de 3,000 à 50,000 fr. ; 0.25 0/0 au-dessus ;
Minimum. : Besançon, Bordeaux, Bourges, Caen, Nancy, Poitiers : 4 fr. ; Aix, Chambéry, Douai, Grenoble, Lyon : 6 fr. ; les autres tarifs 5 fr. ; sauf Angers et Seine qui sont sans minimum ;
B. — *D'ordre judiciaire.* — Rennes : Moitié des honoraires ci-dessus ;
Seine : 0.50 0/0 ;
Rouen : 0.50 0/0 de 1 à 100,000 fr. ; 0.25 0/0 au-dessus ;
Bastia : 0.75 0/0 de 1 à 5.000 fr. ; 0.50 0/0 de 5,000 à 30,000 fr. ; 0.25 0/0 au-dessus ;
Nîmes : 0.75 0/0 de 1 à 30,000 fr. ; 0.50 0/0 de 30,000 à 50,000 fr. ; 0.25 0/0 au-dessus ;
Aix, Angers, Bourges, Caen, Chambéry, Grenoble, Limoges, Pau : 0.75 0/0 de 1 à 50,000 fr. ; 0.50 0/0 au-dessus ;
Nancy : 0.75 0/0 de 1 à 50,000 fr. ; 0.50 0/0 de 50,000 à 150,000 fr. ; 0.25 0/0 au-dessus ;
Riom : 0.75 0/0 de 1 à 50,000 fr. ; 0.375 0/0 au-dessus ;
Amiens, Poitiers : 0.75 0/0 de 1 à 100,000 fr. ; 0.50 0/0 au-dessus ;
Paris : 0.75 0/0 de 1 à 100,000 fr. ; 0.50 0/0 de 100,000 à 200,000 fr. ; 0.375 0/0 au-dessus ;
Dijon, Douai, Montpellier, Orléans : 0.75 0/0 de 1 à 100,000 fr. ; 0.375 0/0 au-dessus ;
Besançon : 0.75 0/0 de 1 à 100,000 fr. ; 0.375 0/0 de 100,000 à 200,000 fr. ; 0.15 0/0 au-dessus ;
Bordeaux, Toulouse : 0.75 0/0 de 1 à 200,000 fr. ; 0.50 0/0 au-dessus ;
Lyon : 0.75 0/0 de 1 à 300,000 fr. ; 0.50 0/0 de 300,000 à 500,000 fr. ; 0.25 0/0 au-dessus ;
Agen : 1 0/0 de 1 à 10,000 fr. ; 0.75 0/0 au-dessus ;
Minimum : Nîmes, Poitiers, Rouen : 5 fr. ; Nancy, Rennes, Toulouse : 8 fr. ; Angers, Besançon, Seine : sans minimum ; les autres tarifs : 6 fr.
C. — *Subrogative (art.* 1251 § 1 *du Code civil)* : Honoraires comme en matière d'obligation. — Tous les tarifs.
Minimum : Tous les tarifs : 5 fr. sauf Chambéry, Grenoble et Seine qui sont sans minimum.
D. — *De Congédiement* : Honoraires comme en matière de vente (Tarification spéciale à la Cour de Rennes).
Rachat par réméré. — Honoraires comme en matière de quittance pure et simple. — Tous les tarifs.
Minimum : Besançon : 4 fr. ; Montpellier, Paris, Rennes ; 5 fr. ; les autres tarifs : sans minimum.

Rapport pour minute — Bastia, Orléans, Poitiers : 4 fr. ; Seine : 9 fr. ; les autres tarifs : 6 fr. Sauf Alger : 8 fr.
Ratification. — *En brevet :* Seine : 4.50 ; les autres tarifs : 4 fr.
En minute. Seine : 9 fr. ; les autres tarifs : 6 fr., sauf Alger, 8 fr.
Et 2 francs en plus par chaque partie, en sus de la première, ayant un intérêt distinct et intervenant dans l'acte. — Tous les tarifs.

Réalisation de crédit. — Alger, Seine : Moitié des honoraires perçus en matière d'obligation ; Limoges, Poitiers : 4 fr. ; Toulouse : 8 fr. ; les autres tarifs : 6 fr.

Recette (droit de). — A. *Sur les intérêts et autres revenus encaissés.* 1 0/0 de 1 à 100,000 fr. ; 0.50 0/0 de 200,000 à 400,000 fr. ; 0.25 0/0 de 400,000 à un million, 0.125 au-dessus.
B. *Sur les capitaux recouvrés* : 0.50 0/0 de 1 à 200,000 fr. ; 0.25 0/0 de 200,000 à 400,000 fr. ; 0.125 0/0 au-dessus.
Il n'est dû aucun droit de recette pour l'encaissement et la garde des fonds et valeurs déposés en conséquence ou pour l'exécution directe d'un acte de vente ou d'emprunt passé dans l'étude des notaires. (Tarification spéciale au ressort d'Alger.)
Recherche (droit de). — *Si l'année est indiquée* : 0 fr. 50. — Tous les tarifs.

Au cas contraire : 1 fr. — Tous les tarifs.

Si la recherche a pour objet la délivrance d'une expédition ou la réception d'un acte, l'honoraire n'est pas dû. — Tous les tarifs.

Récolement. — Honoraires par vacations. — Tous les tarifs.

Reconnaissance de dot, de reprises, de droits paraphernaux. — Honoraires comme en matière d'apports en mariage. — Tous les tarifs.

Minimum. — Agen, 5 fr. ; Angers, 8 fr. ; Alger, Seine, sans minimum. — Les autres tarifs : 6 fr.

Reconnaissance d'enfant naturel. — Aix, Bastia, Lyon : 15 fr. ; Seine : 18 fr. ; les autres tarifs : 10 fr. Sauf Alger, 18 fr.

Reconnaissance d'hypothèque. — Agen, Bourges : 4 fr. ; Bastia, Caen, Orléans, Toulouse : 5 fr. ; Seine : 9 fr. ; les autres tarifs : 6 fr., Alger : 8 fr.

Reconnaissance de dette. — Honoraire comme en matière d'obligation. — Tous les tarifs.

Minimum : tous les tarifs : 5 fr. ; sauf celui de la Seine et d'Alger qui sont sans minimum.

Réduction d'hypothèque. — Voir MAINLEVÉE.

Référé. — Honoraires par vacations. — Tous les tarifs.

Règlement d'indemnité en cas d'expropriation pour cause de déclaration d'utilité publique.

A. — *Avant le jugement d'expropriation*. Honoraires comme en matière de vente. — Tous les tarifs.

B. — *Après le jugement* : Honoraires comme en matière de quittance pure et simple. — Tous les tarifs.

Réméré (Vente à). — Honoraires comme en matière de vente. — Tous les tarifs.

Remise de dette. — Honoraires comme en matière de quittance pure et simple. — Tous les tarifs.

Renonciation (par acte séparé). — *En brevet* : Seine : 4.50) ; les autres tarifs : 4 fr.

En minute : Seine : 9 fr. ; les autres tarifs : 6 fr. Sauf Alger : 8 fr.

Renonciation à hypothèque légale. — A. — *A la suite d'un acte authentique ou de dépôt, avec reconnaissance d'écriture, d'un acte de vente sous signature privée* : Poitiers : 4 fr. ; Alger, Toulouse : 8 fr. ; Seine : 9 fr. ; les autres tarifs : 6 fr.

B. — *Dans les autres cas* : Moitié de l'honoraire qui aurait été perçu sur l'acte de vente. — Tous les tarifs.

Minimum : Amiens, Aix, Angers, Bastia, Besançon, Bordeaux, Bourges, Chambéry 5 fr. ; les autres tarifs 6 fr., : sauf Alger et Seine, sans minimum.

Représentation. — *De présumé absent* (art. 113, C. civ.) : *De non présent* (art. 912, C. de proc. civ.) ; *D'aliéné non interdit* (art. 36, L. 30 juin 1838) : Honoraires par vacations. — Tous les tarifs.

Reprise de la vie commune (Art. 311, C. civ.). — Agen, Douai, 6 fr. ; Caen, Chambéry, Dijon, Grenoble, Limoges, Nîmes, Orléans, Pau, Rouen, 8 fr. Angers, Bastia, Besançon, Bordeaux, Bourges, Lyon, Montpellier, Nancy, Paris, Rennes, Riom : 10 fr. ; Poitiers, Toulouse : 12 fr. ; Amiens : 15 fr. ; Alger, 16 fr. ; Seine : 18 fr. ; Aix : 20 fr.

Résiliation. — A. — DE VENTE. — *Dans les 24 heures* : Angers, Nancy : 5 fr. ; Seine : 9 fr. ; les autres tarifs : 6 fr. Sauf Alger, 8 fr.

B. — DE BAIL.

Moitié de l'honoraire de bail, sur les années restant à courir. — Tous les tarifs.

Rétablissement de communauté (Acte de). (Art. 1451, C. civ.). — Amiens, Besançon : 15 fr. ; Nancy : 16 fr. ; Nîmes : 20 fr. ; Alger, 32 fr. ; Seine : 36 fr. ; les autres tarifs : un cinquième des honoraires du contrat de mariage

Retraits de droits litigieux d'indivision, successoral. — Paris : 0.50 0/0 de 1 à 200,000 fr. ; 0.25 0/0 de 200,000 à 500,000 fr. ; 0.125 0/0 au-dessus ; les autres tarifs : honoraire comme en matière de quittance pure et simple.
Minimum : Caen : 4 fr. ; Angers, Dijon, Limoges, Orléans, Paris, Toulouse : 5 fr. ; les autres tarifs : sans minimum.

Révocation. — *De conseil à la mère tutrice* : Agen : 5 fr. ; Nimes : 4 fr. ; *en brevet* : 6 fr. *en minute* : Alger, Orléans, Rouen, Toulouse : 8 fr. ; Seine : 9 fr. ; Chambéry, Grenoble : 10 fr. ; les autres tarifs : 6 fr.
De donation entre époux : Agen, Angers, Bastia, Caen, Douai, Montpellier, Nancy, Nimes, Pau, Poitiers, Riom : 6 fr. ; Seine : 9 fr. ; Chambéry, Grenoble, Limoges : 10 fr. ; les autres tarifs : 8 fr.
De mandat ou de substitution : En brevet ; Seine : 4 fr. 50 ; les autres tarifs : 4 fr. ; *En minute.* Seine : 9 fr. ; les autres tarifs : 6 fr. Sauf Alger, 8 francs.
De testament : Angers, Bastia, Caen, Douai, Nancy, Pau, Poitiers, Riom : 6 fr. ; Seine : 9 fr. ; Chambéry, Grenoble, Limoges ; 10 fr. ; les autres tarifs : 8 fr.

Société (Acte de). — A. — Société (1)
Agen : 0.50 0/0 de 1 à 200,000 fr. ; 0.25 0/0 de 200,000 à 500,000 fr. ; 0.125 0/0 au-dessus ; *minimum* : 15 fr.
Aix 1 0/0 de 1 à 30,000 fr. ; 0.50 0/0 de 30,000 à 100,000 fr. ; 0.25 0/0 ce 100,000 à 500,000 fr. ; 0,125 0/0 au-dessus :
Alger : 0.50 0/0 de 1 à 200,000 fr. ; 0.25 0/0 de 200 à 400,000 fr. ; 0.125 0/0 au-dessus, sans minimum.
Amiens. — *Sociétés anonymes, en commandite par actions, à capital variable, à participation* : 1 0/0 de 1 à 50,000 fr. ; 0.50 0/0 de 50,000 à 300,000 fr. ; 0.25 0/0 de 300,000 à 500,000 fr. ; 0.125 0/0 au-dessus ; *minimum* : 10 fr. ; *Sociétés en nom collectif* : 0.50 0/0 de 1 à 100,000 fr. ; 0.25 0/0 de 100,000 à 500,000 fr. ; 0.125 0/0 au-dessus ;
Angers : 0.50 de 1 à 50,000 fr. ; 0.25 0/0 de 50,000 à 500,000 fr. ; 0.125 0/0 au-dessus ;
Bastia : 0.50 0/0 de 1 à 50,000 fr. ; 0.25 0/0 de 50,000 à 500 000 fr. ; 0.125 0/0 au-dessus ; *minimum* : 20 fr.
Besançon : 1 0/0 de 1 à 10,000 fr. ; 0.50 0/0 de 10,000 fr. à 50,000 fr. ; 0.25 0/0 de 50,000 à 500,000 fr. ; 0.125 au-dessus ; *minimum* : 20 fr. ;
Bordeaux : 0 50 0/0 de 1 à 300,000 fr. ; 0.25 0/0 de 300,000 fr. à 1 million ; 0.125 0/0 au-dessus ; *minimum* : 20 fr. ;

Bourges. — *Sociétés en commandite, par actions* : 1 0/0 de 1 à 10,000 fr. ; 0.50 0/0 de 10,000, à 50,000 fr. ; 0.25 0/0 de 50,000 à 500,000 fr. ; 0.125 0/0 au-dessus ; — *Autres sociétés* : 1 0/0 de 1 à 10,000 fr. ; 0.50 0/0 de 10,000 à 500,000 fr. ; 0.25 0/0 au-dessus ; *minimum* : 15 fr. ;
Caen. — 1 0/0 de 1 à 10,000 fr. ; 0,50 0/0 de 10,000 à 30,000 fr. ; 0.25 0/0 de 30,000 à 500,000 fr. ; 0.125 au-dessus ; *minimum* : 20 fr. ;
Chambéry, Grenoble, Paris : 0.50 0/0 de 1 à 200,000 fr. ; 0.25 0/0 de 200,000 à 500,000 fr. ; 0.125 0/0 au-dessus ; *minimum* : 20 fr. ;
Dijon : 1 0/0 de 1 à 50,000 fr. ; 0.50 0/0 de 50,000 à 200,000 fr. ; 0.25 0/0 de 200,000 à 500,000 fr. ; 0.125 au dessus ; *minimum* : 20 fr. ;
Douai : 1 0/0 de 1 à 10,000 fr. ; 0.50 0/0 de 10,000 à 50,000 fr. ; 0.25 0/0 de 50,000 à 200,000 fr. ; 0.125 0/0 au-dessus ; *minimum* : 20 fr. ;
Limoges : 0.25 0/0 de 1 à 500,000 fr. ; 0.125 au-dessus : *minimum* : 20 fr. ;
Lyon : 1 0/0 de 1 à 50,000 fr. ; 0.50 0/0 de 50,000 à 200,000 fr. ; 0.25 0/0 de 200,000 à 1 million ; 0.10 0/0 au-dessus ; *minimum* : 20 fr. ;
Montpellier : 1 0/0 de 1 à 30,000 fr. ; 0.50 0/0 de 30,000 fr. à 100,000 fr. ; 0.25 0/0 de 100,000 à 500,000 fr. ; 0.125 0/0 au-dessus ; *minimum* : 20 fr. ;
Nancy : *Sociétés anonymes, en commandite par actions* : 1 0/0 de 1 à 20,000 fr. ; 0.50 0/0 de 20,000 à 100,000 fr. ; 0.25 0/0 de 100,000 à 300,000 fr. ;

---

(1) Dans les ressorts où nous n'avons pas indiqué de distinctions entre les différentes sociétés, le tarif est le même pour toutes les sociétés.

0.125 0/0 au-dessus ; — *Autres sociétés* : 0.50 0/0 de 1 à 50,000 fr. ; 0.25 0/0 de 50,000 à 300,000 fr. ; 0.125 0/0 au-dessus ;

Nimes : *Sociétés anonymes en commandite, par actions* : 1 0/0 de 1 à 5,000 fr. ; 0.50 0/0 de 5,000 à 50,000 fr. ; 0.25 0/0 de 50,000 à 500,000 fr. ; 0.125 au-dessus ; *minimum* : 20 fr. ; — *Autres sociétés* : 1 0/0 de 1 à 5,000 fr. ; 0.50 0/0 de 5,000 à 50,000 , 0.25 0/0 au-dessus ;

Orléans : 0.50 0/0 de 1 à 20,000 fr. ; 0.25 0/0 de 20,000 à 500,000 fr. ; 0.125 0/0 au-dessus ; *minimum* : 20 fr. *pour les sociétés anonymes, en commandite, par actions* : 15 fr. *pour les autres* ;

Pau : 0.30 0/0 de 1 à 500,000 fr. ; 0.125 0/0 au-dessus ; *minimum* : 20 fr. ;

Poitiers : 0.50 0/0 de 1 à 50,000 fr. ; 0.25 0/0 de 50,000 à 500,000 fr. ; 0.125 0/0 au-dessus ; *minimum* : 20 fr. ;

Rennes : 1 0/0 de 1 à 100,000 fr. ; 0.50 0/0 de 100,000 à 200,000 fr. ; 0.25 0/0 de 200,000 à 500,000 fr. ; 0.125 0/0 au-dessus ; *minimum* 20 fr. ;

Riom : 1 0/0 de 1 à 10,000 fr. ; 0.75 0/0 de 10,000 à 50,000 fr. ; 0.50 0/0 de 50,000 à 100,000 fr. ; 0.25 0/0 de 100,000 à 500,000 fr. ; 0.125 0/0 au-dessus ; *minimum* : 20 fr. ;

Rouen : 0.50 0/0 de 1 à 50,000 fr. ; 0.25 0/0 de 50,000 à 1 million ; 0.125 0/0 au-dessus ; *minimum* : 20 fr. *pour les sociétés anonymes en commandite, par actions* ; 12 fr. *pour les autres*.

Seine. — *Sociétés anonymes en commandite, par actions* : 0.50 0/0 de 1 à 500,000 fr. ; 0.25 0/0 de 500,000 fr. à 1 million ; 0.125 0/0 de 1 à 3 millions ; 0.0625 0/0 au-dessus. — *Autres sociétés* : 0.50 0/0 de 1 à 100,000 fr. ; 0.25 0/0 de 100,000 fr. à 1 million ; 0.125 0/0 de 1 à 3 millions ; 0.0625 0/0 au-dessus ;

Toulouse : 0.50 0/0 de 1 à 300,000 fr. ; 0.25 0/0 de 300,000 fr. à 1 million ; 0.125 0/0 au-dessus ; *minimum* : 20 fr.

B. — Déclaration de souscription du capital social. — 1° *Si l'acte de société a été reçu dans l'étude* : Agen : 5 fr. ; Aix : 6 fr. ; Bastia : 15 fr. ; Alger, 18 fr. ; les autres tarifs : 20 fr.

2° *Dans le cas contraire, l'honoraire est perçu en entier*. — Tous les tarifs.

C. — Prorogation de société.--Alger, Seine : moitié des honoraires ci-dessus : Bordeaux : 0.15 0/0 et honoraire entier sur les nouveaux apports, s'il y en a ; Limoges : 0.25 0/0 de 1 à 50,000 fr. ; 0.125 0/0 au-dessus sur les nouveaux apports, s'il y en a, honoraires comme pour acte de société ; les autres tarifs : moitié des honoraires ci-dessus et honoraire entier sur les nouveaux apports s'il y en a.

Minimum : Toulouse : 20 fr. ; les autres tarifs : sans minimum.

D. — Dissolution de société. — Amiens : 6 fr. ; Aix, Alger, Nancy : 8 fr. ; Seine : 9 fr. ; Bastia, Montpellier, Nimes, Pau, Toulouse : 10 fr. ; Paris : 15 fr. ; Rennes : 18 fr. ; Chambéry, Grenoble : 20 fr. Les autres tarifs : 12 fr.

Sous-bail. — Honoraires comme en matière de bail. — Tous les tarifs.

Substitution de pouvoirs. — *En brevet* : Seine : 4 fr. 50 ; les autres tarifs : 4 fr. ; *En minute* : Alger, 8 fr. ; Seine : 9 fr. ; les autres tarifs : 6 fr.

Testament olographe. — *Présentation au Président du tribunal et retrait* (art. 1007, C. civ.) : Besançon : 6 fr. ; Alger, 16 fr. ; Seine : 18 fr. ; les autres tarifs : 8 fr.

Acte de dépôt, s'il y a lieu : Poitiers : 4 fr. ; les autres tarifs, sauf celui de la Seine, où le cas n'est pas prévu : 6 fr.

Moitié des honoraires perçus en matière de testament authentique. — Tous les tarifs.

Testament public ou authentique. — A. — Droit fixe pour la rédaction de l'acte. — *En l'étude* : Montpellier 6 fr. ; Agen, Caen, Nimes ; Pau : 8 fr. ; Aix, Bastia, Besançon, Dijon, Limoges, Lyon, Rennes, Rouen : 10 fr. ; Alger, 32 fr. ; Seine : 36 fr. ; les autres tarifs : 12 fr.

Hors de l'étude : Montpellier, Nimes : 10 fr. ; Agen, Pau : 12 fr. ; Amiens, Angers, Bordeaux, Bourges, Chambéry, Douai, Grenoble, Orléans, Riom : 18 fr. ; Seine : 36 fr. ; les autres tarifs : 15 fr.

La nuit : Agen, Amiens, Caen, Limoges, Montpellier, Nîmes, Pau, Rouen : 20 fr. ; Aix, Bastia, Besançon, Dijon, Lyon, Nancy, Paris, Poitiers, Rennes, Toulouse : 25 fr. ; Angers, Bordeaux, Bourges, Chambéry, Douai, Grenoble, Orléans, Riom, 30 fr. ; Seine : 36 fr.

B. — Droit du au décès du testateur sur les dispositions contenues dans le testament (Art. 17 des dispositions générales). — Agen : *sans distinction de lignes* : 1 0/0 de 1 à 200,000 fr. ; 0.50 0/0 de 200,000 à 500,000 fr. ; 0.25 0/0 au-dessus ; *minimum* : 12 fr.

Aix : *En ligne directe et entre époux* : 1 0/0 de 1 à 100,000 fr. ; 0.50 0/0 de 100,000 à 500,000 fr. ; 0.25 0/0 au-dessus ; — *En ligne collatérale* : 1.25 0/0 de 1 à 50,000 fr. ; 1 0/0 de 50,000 à 100,000 fr. ; 0.50 0/0 au-dessus ; — *Entre étrangers* : 1.50 0/0 de 1 à 50,000 fr. ; 1 0/0 de 50,000 à 100,000 fr. ; 0.50 0/0 au-dessus ; *Minimum* : 8 fr.

Alger : 0.50 0/0 de 1 à 200,000 ; 0,25 0/0 200,000 à 400,000 ; 0.125 0/0 au-dessus, sans minimum.

Amiens, Montpellier : *Sans distinction de lignes* : 1 0/0 de 1 à 100,000 fr. ; 0.50 0/0 de 100,000 à 300,000 fr. ; 0.25 0/0 au-dessus.

Angers : *En ligne directe et entre époux* : 1 0/0 de 1 à 50,000 fr. ; 0.50 0/0 de 50,000 à 500,000 fr. ; 0.25 0/0 au-dessus ; *En ligne collatérale et entre étrangers* : 1 0/0 de 1 à 200.000 fr. ; 0.50 0/0 de 200,000 à 500,000 fr. ; 0.25 0/0 au-dessus :

Besançon : *En ligne directe et entre époux* : 1 0/0 de 1 à 100,000 fr. ; 0.50 0/0 de 100,000 à 300,000 fr. ; 0,25 0/0 au-dessus ; — *En ligne collatérale et entre étrangers* : 1.25 0/0 de 1 à 100,000 fr. ; 0.75 0/0 de 100,000 à à 300,000 fr. ; 0.25 0/0 au-dessus ;

Bordeaux, Paris : *Sans distinction de lignes* : 1 0/0 de 1 à 200,000 fr. ; 0.50 0/0 de 200,000 à 500,000 fr. ; 0.25 0/0 au-dessus ;

Bourges : *En ligne directe* : 1 0/0 de 1 à 100,000 fr. ; 0.50 0/0 de 100,000 à 500,000 fr. ; 0.25 0/0 au-dessus ; — *En ligne collatérale* : 1.25 0/0 de 1 à 50,000 fr. ; 1 0/0 de 50,000 à 100,000 fr. ; 0.50 0/0 au-dessus ; — *Entre étrangers* : 1.25 0/0 de 1 à 100,000 fr. ; 0.50 0/0 au-dessus ;

Caen : *En ligne directe et entre époux* : 1 0/0 de 1 à 50,000 fr. ; 0.50 0/0 de 50,000 à 200.000 fr. ; 0.25 0/0 au-dessus ; — *En ligne collatérale et entre étrangers* : 1 0/0 de 1 à 100,000 fr. ; 0.50 0/0 au-dessus ;

Chambéry, Grenoble : *En ligne directe et entre époux* : 1 0/0 de 1 à 100,000 fr. ; 0.50 0/0 de 100,000 à 500,000 fr. ; 0.25 0/0 au-dessus ; — *En ligne collatérale et entre étrangers* 1.50 0/0 de 1 à 100,000 fr. ; 1 0/0 de 100,000 à 200,000 fr. ; 0.50 0/0 au-dessus ;

Dijon : *En ligne directe* : 1 0/0 de 1 à 100,000 fr. ; 0.50 0/0 de 100,000 à 300,000 fr. ; 0.25 0/0 au-dessus ; — *En ligne collatérale* : 1.25 0/0 de 1 à 100,000 fr. ; 0.50 0/0 au-dessus ; — *Entre étrangers* : 1.50 0/0 de 1 à 100,000 fr. ; 0.75 0/0 de 100,000 à 300,000 fr. ; 0.50 0/0 au-dessus ;

Douai : *En ligne directe et entre époux* : 1 0/0 de 1 à 50,000 fr. ; 0.50 0/0 de 50,000 à 100,000 fr. ; 0.25 0/0 au-dessus ; — *En ligne collatérale et entre étrangers* : 1 0/0 de 1 à 100,000 fr. ; 0.50 0/0 de 100,000 à 200,000 fr. ; 0.25 0/0 au-dessus ;

Limoges : *En ligne directe et entre époux* : 1 0/0 de 1 à 100,000 fr. ; 0.50 0/0 de 100,000 à 500,000 fr. ; 0.25 0/0 au-dessus ; — *En ligne collatérale et entre étrangers* : 1.25 0/0 de 1 à 100,000 fr. ; 1 0/0 de 100,000 à 200,000 fr. ; 0.50 0/0 au-dessus ;

Lyon : *En ligne directe et entre époux* : 1 0/0 de 1 à 300.000 fr ; 0.50 0/0 de 300,000 à 600 000 fr. ; 0.25 0/0 au-dessus ; — *En ligne collatérale* : 1.25 0/0 de 1 à 300,000 fr. ; 0.75 0/0 de 300,000 à 600,000 fr. ; 0.50 0/0 au-dessus ; — *Entre étrangers* : 1.50 0/0 de 1 à 300.000 fr. ; 1 0/0 de 300,000 à 600,000 fr. ; 0.50 0/0 au-dessus ;

Nancy : *En ligne directe et entre époux* : 1 0/0 de 1 à 200,000 fr. ; 0.50 0/0 de 200,000 à 500,000 fr. ; 0.25 0/0 au-dessus ; — *Entre collatéraux et étrangers* : 1.25 0/0 de 1 à 200,000 fr. ; 0.50 0/0 de 200,000 à 500,000 fr. ; 0.25 0/0 au-dessus ;

Nîmes : *En ligne directe et entre époux* : 1 0/0 de 1 à 100,000 fr. ; 0.50 0/0 de 100,000 à 500,000 fr. ; 0.25 0/0 au-dessus ; — *En ligne collatérale et entre étrangers* : 1.50 0/0 de 1 à 50,000 fr.; 1 0/0 de 50,000 à 100,000 fr.; 0.50 0/0 au-dessus ;

Orléans : *En ligne directe et entre époux* : 1 0/0 de 1 à 50,000 fr.; 0.50 0/0 de 50,000 à 500,000 fr.; 0.25 0/0 au-dessus ; — *En ligne c latérale et entre étrangers* : 1 0/0 de 1 à 100,000 fr.; 0.50 0/0 au-dessus ;

Pau, Rouen : *Sans distinction de lignes* : 1 0/0 de 1 à 100,000 fr.; 0.50 0/0 de 100,000 à 500,000 fr.; 0.25 0/0 au-dessus ;

Poitiers : *En ligne directe et entre époux* : 1 0/0 de 1 à 100,000 fr.; 0.50 0/0 de 100,000 à 500,000 fr.; 0.25 0/0 au-dessus ; — *En ligne collatérale et entre étrangers* : 1.25 0/0 de 1 à 100,000 fr.; 1 0/0 de 100,000 à 200,000 fr.; 0.75 0/0 de 200,000 à 500,000 fr.; 0.50 0/0 au-dessus ;

Rennes : *En ligne directe et entre époux* : 1 0/0 de 1 à 200,000 fr.; 0.50 0/0 de 200,000 à 500,000 fr.; 0.25 0/0 au-dessus ; — *En ligne collatérale et entre étrangers* : 1.25 0/0 de 1 à 100,000 fr.; 0.75 0/0 de 100,000 à 200,000 fr.; 0.50 0/0 au-dessus ;

Riom : *En ligne directe et entre époux* : 1 0/0 de 1 à 50,000 fr.; 0.75 0/0 de 50,000 à 100,000 fr.; 0.25 0/0 au-dessus ; — *En ligne collatérale* : 1.25 0/0 de 1 à 50,000 fr.; 0.75 0/0 de 50,000 à 100,000 fr.; 0.50 0/0 au-dessus ; — *Entre étrangers* : 1.50 0/0 de 1 à 50,000 fr.; 1 0/0 de 50,000 à 100,000 fr.; 0.50 0/0 au-dessus.

Seine : *Sans distinction de lignes* : 0.50 0/0 jusqu'à 1 million; 0.25 0/0 de 1 à 3 millions; 0.125 0/0 au-dessus ;

Toulouse : *En ligne directe et entre époux* : 1 0/0 de 1 à 200,000 fr.; 0.50 0/0 de 200,000 à 500,000 fr.; 0.25 0/0 au-dessus ; — *En ligne collatérale et entre étrangers* : 1.25 0/0 de 1 à 50,000 fr.; 1 0/0 de 50,000 à 200,000 fr.; 0.50 0/0 au-dessus.

Testament mystique. ! — A. — *Acte de suscription.* Alger, 32 fr.; Seine : 36 fr.; les autres tarifs : 20 fr.;

B. — *Présentation au président et retrait.* Alger, 16 fr.; Seine : 18 fr.; les autres tarifs : 8 fr.

C. — *Sur les dispositions du testament, au décès.* Honoraires comme en matière de testament authentique. — Tous les tarifs.

Tirage au sort des lots. — Moitié des honoraires perçus en matière de partage, mais seulement dans le cas où cette opération est la seule pour laquelle le notaire a été commis. — Tous les tarifs.

Minimum : Bastia, 8 fr.; Agen : 10 fr.; les autres tarifs : sans minimum.

Titre nouvel. — Poitiers : 4 fr.; les autres tarifs : Moitié des honoraires perçus sur le titre originaire ; sans minimum.

Transaction. — Cet acte donne ouverture à l'honoraire spécial de la convention à laquelle il aboutit et, de plus, s'il y a lieu, à un honoraire particulier réglé d'après les difficultés de l'affaire et les soins donnés à sa conclusion, conformément à l'article 2 de la loi du 29 juin 1896.

Translation d'hypothèque. — A. — *Portant sur la totalité du gage.* Honoraires comme en matière d'affectation hypothécaire.

B. — *Partielle.* Mêmes honoraires perçus sur une somme qui sera fixée eu égard au montant de la créance, en tenant compte du rapport existant entre la valeur des biens dégrevés et celle de la totalité du gage. — Tous les tarifs.

Minimum : Orléans : 4 fr.; Bordeaux, Lyon, Montpellier, Pau, Poitiers, Riom : 5 fr.; Agen, Douai : 6 fr.; les autres tarifs : sans minimum.

Transport de créances. — Honoraires comme en matière d'obligation. — Tous les tarifs.

Minimum : Tous les tarifs : 5 fr.; sauf Aix, Alger, Nîmes, Seine, Toulouse qui sont sans minimum.

Transport de droits litigieux et successifs. — Honoraires comme en matière de vente. — Tous les tarifs.

Usufruit (Cession ou don d'). — Honoraires comme en matière de vente ou de donation, selon le cas. — Tous les tarifs.

Vente par adjudication judiciaire ou volontaire de créances,

droits incorporels (Cahier des charges compris). — Agen : 1.25 0/0 de
1 à 10,000 fr.; 1 0/0 de 10,000 à 300,000 fr.; 0.50 0/0 au-dessus;
  Alger : 1 0/0 de 1 à 200,000 fr. ; 0.50 0/0 de 200,001 à 400,000 fr.; 0.25 0/0
de 400,000 à 800,000 fr.; 0.125 0/0 au-dessus ;
  Limoges : 1.25 0/0 de 1 à 25,000 fr.; 1 0/0 de 25,000 à 50,000 fr.; 0.50 0/0
de 50,000 à 100,000 fr.; 0.25 0/0 au-dessus.
  Poitiers : 1.25 0/0 de 1 à 10,000 fr.; 1 0/0 de 10,000 à 50,000 fr.; 0.50 0/0 de
50,000 à 100,000 fr.; 0.25 0/0 au-dessus;
  Bastia : 1.50 0/0 de 1 à 10,000 fr.; 1 0/0 de 10,000 à 50.000 fr.: 0.50 0/0
au-dessus;
  Orléans : 1.50 0/0 de 1 à 10,000 fr.; 1 0/0 de 10,000 à 300,000 fr.; 0.50 0/0
au-dessus ;
  Bordeaux, Toulouse : 1.50 0/0 de 1 à 10,000 fr.; 0.75 0/0 au-dessus;
  Caen, Rouen : 1.50 0/0 de 1 à 20,000 fr.; 1 0/0 de 20,000 à 100,000 fr.;
0.50 0/0 au-dessus;
  Aix : 1.50 0/0 de 1 à 30,000 fr.; 1 0/0 de 30,000 à 150,000 fr.; 0.50 0/0
au-dessus ;
  Chambéry, Grenoble : 1.50 0/0 de 1 à 100,000 fr.; 0.50 0/0 au-dessus;
  Besançon : 1.50 0/0 de 1 à 100,000 fr. ; 0.75 0/0 de 100,000 à 200,000 fr. ;
0.375 0/0 au-dessus;
  Riom : 2 0/0 de 1 à 5,000 fr.; 1 0/0 de 5,000 à 50,000 fr.; 0.75 0/0 de 50,000
à 100,000 fr.; 0.50 0/0 au-dessus;
  Nîmes : 2 0/0 de 1 à 10,000 fr.; 1 0/0 de 10.000 à 50,000 fr.; 0.50 0/0 de
50,000 à 100,000 fr.; 0.30 0/0 au-dessus;
  Nancy : 2 0/0 de 1 à 10,000 fr.; 1.50 0/0 de 10,000 à 50,000 fr.; 1 0/0 de
50,000 à 300,000 fr.; 0.50 0/0 au-dessus;
  Lyon : 2 0/0 de 1 à 10.000 fr.; 1.50 0/0 de 10.000 à 100.000 fr. ; 1 0/0 de
100,000 à 300.000 fr.; 0.50 0/0 au-dessus;
  Montpellier, Pau : 2 0/0 de 1 à 10,000 fr.; 1 0/0 de 10,000 à 100,000 fr.,
0.50 0/0 au-dessus;
  Seine : 2 0/0 de 1 à 20,000 fr.; 1 0/0 de 20,000 à 100,000 fr.; 0.50 0/0 au-dessus.
  Angers : 2 0,0 de 1 à 20,000 fr.; 1.50 0/0 au-dessus;
  Dijon, Rennes : 2 0/0 de 1 à 20,000 fr.; 1.50 0/0 de 20,000 à 100,000 fr.;
1 0/0 de 100,000 à 300,000 fr.; 0.50 0/0 au-dessus;
  Paris : 2 0/0 de 1 à 50,000 fr.; 1 0/0 de 50,000 à 300,000 fr.; 0.50 0/0 au-
dessus;
  Amiens, Douai : 2 0,0 de 1 à 100,000 fr.; 1 0/0 de 100,000 à 300,000 fr ;
0.50 0/0 au-dessus;
  Bourges : 2 0/0 de 1 à 100,000 fr.; 1.50 0/0 de 100,000 à 150,000 fr.; 1 0/0
de 150,000 à 300,000 fr.; 0.50 0/0 au-dessus.
  Minimum : Agen : 6 fr.; Bordeaux : 15 fr.; les autres tarifs : sans
minimum.

Vente par adjudication de fonds de commerce (Cahier des charges
compris). — Mêmes honoraires que ci-dessus. — Tous les tarifs sauf les
exceptions ci-après ;
  Amiens, Bourges, Nîmes, Pau, Rennes : Mêmes honoraires que ci-dessus,
mais 0.50 0/0 seulement sur la valeur des marchandises.
  Paris : Honoraires comme en matière de vente par adjudication judiciaire ou volontaire de créances, droits incorporels; mais moitié sur la
valeur des marchandises.
  Caen : 1.50 0/0 de 1 à 20,000 fr.; 0.50 0/0 au-dessus;
  Angers, Orléans : 1 0/0 de 1 à 20.000 fr.; 0.50 0/0 au-dessus.

**Vente par adjudication judiciaire ou volontaire de mines et car-
rières.** — Limoges, Riom : comme en matière de créances, droits incorporels; les autres ressorts sans tarification spéciale.

**Vente par adjudication de fruits et récoltes pendants par racines,
de coupes de bois taillis, de futaies aménagées et non aménagées et
de tourbages.** — Décret du 5 novembre 1851.

Vente par adjudication de meubles et objets mobiliers, d'arbres au détail et de bateaux. — Loi du 18 juin 1813. Tarif spécial à Alger : 1° Vacations de prisée : 62 fr.; 2° Vacations d'assistance aux référés, 6 fr.; 3° Pour tout droit de vente cahier des charges compris, mais non compris déboursés : 6 0/0 sur le produit des ventes.

En plus vacations, en certains cas, pour préparer les objets mis en vente, mais seulement lorsque le produit de la vente atteindra 3,000 fr. Ces vacations seront de 6 fr.

Vente par adjudication judiciaire de meubles. — 2 0/0 de 1 à 20,000 fr.; 1 0/0 de 20,000 à 100,000 fr.; 0.50 0/0 au-dessus; indépendamment des honoraires qui peuvent être dus à l'avoué (Tarification spéciale à la Seine). Alger : moitié des honoraires ci-dessus.

Vente par adjudication judiciaire d'immeubles. — Ordonnance du 10 octobre 1841 et Loi du 23 octobre 1884. — L'honoraire sera perçu sur le prix de chaque lot séparément, lorsque les lots seront composés d'immeubles distincts. — Tous les tarifs.

Vente par adjudication volontaire d'immeubles (Cahier des charges compris). — L'honoraire est perçu séparément sur le prix de chaque lot.

Si, dans le délai de quatre mois, après une tentative d'adjudication restée infructueuse, la vente est réalisée de gré à gré, l'honoraire d'adjudication est dû au notaire.

Agen, Toulouse : 2 0/0 de 1 à 10,000 fr.; 1 0/0 de 10,000 à 300,000 fr.; 0.50 0/0 au-dessus;

Aix : 1.50 0/0 de 1 à 30,000 fr.; 1 0/0 de 30,000 à 150,000 fr.; 0.50 0/0 au-dessus;

Alger : 1 0/0 de 1 200,000; 0.50 0/0 de 200 à 400,000; 0.25 de 400 à 800,000; 0.125 au-dessus.

Amiens : 3 0/0 de 1 à 25,000 fr.; 2.50 0/0 de 25,000 à 50,000 fr.; 0.20 0/0 de 50,000 à 100,000 fr.; 1 0/0 de 100,000 à 500,000 fr.; 0.50 0/0 au-dessus;

Angers : 2 0/0 de 1 à 20,000 fr.; 1.50 0/0 de 20,000 à 500,000 fr.; 1 0/0 de 500,000 fr. à 1 million; 0.50 0/0 au-dessus; *minimum*, 15 fr.;

Bastia : 1.50 0/0 de 1 à 10.000 fr.; 1 0/0 de 10,000 à 50,000 fr.; 0.50 0/0 au-dessus;

Besançon : 2 0/0 de 1 à 30,000 fr.; 1.50 0/0 de 30,000 à 100.000 fr.; 1 0/0 de 100,000 à 500,000 fr.; 0.50 0/0 au-dessus;

Bordeaux : 2 0/0 de 1 à 10,000 fr.; 1.50 0/0 de 10,000 à 500,000 fr.; 1 0/0 de 500,000 fr. à 1 million; 0.50 0/0 au-dessus;

Bourges : 2.50 0/0 de 1 à 5,000 fr.; 2 0/0 de 5,000 à 50,000 fr.; 1 0/0 de 50,000 à 500,000 fr.; 0.50 0/0 au-dessus;

Caen : 2 0/0 de 1 à 10,000 fr.; 1.50 0/0 de 10,000 à 100,000 fr.; 1 0/0 de 100,000 à 500,000 fr.; 0.50 0/0 au-dessus;

Chambéry : 2.50 0/0 de 1 à 5,000 fr.; 1.50 0/0 de 5,000 à 20,000 fr.; 1 0/0 de 20.000 à 100,000 fr.; 0.50 0/0 au-dessus;

Dijon : 2 0/0 de 1 à 20,000 fr.; 1.50 0/0 de 20,000 à 100,000 fr.; 1 0/0 de 100,000 à 500,000 fr.; 0.50 0/0 au-dessus;

Douai : 3.50 0/0 de 1 à 10.000 fr.; 3 0/0 de 10,000 à 25,000 fr.; 2.50 0/0 de 25,000 à 50,000 fr.; 2 0/0 de 50,000 à 100,000 fr.; 1 0/0 de 100,000 à 500,000 fr.; 0.50 0/0 au-dessus;

Grenoble : 2.50 0/0 de 1 à 5,000 fr.; 1.50 0/0 de 5,000 à 20,000 fr.; 1 0/0 de 20,000 à 100,000 fr.; 0.50 0/0 au-dessus;

Limoges : 1.50 0/0 de 1 à 25,000 fr.; 1 0/0 de 25,000 à 500,000 fr.; 0.50 0/0 au-dessus;

Lyon : 2 0/0 de 1 à 10.000 fr.; 1.50 0/0 de 10,000 à 100,000 fr.; 1 0/0 de 100,000 à 300.000 fr.; 0.50 0/0 au-dessus;

Montpellier, Pau : 2 0/0 de 1 à 10,000 fr.; 1 0/0 de 10,000 à 100,000 fr.; 0.50 0/0 au-dessus;

Nancy : 2.50 0/0 de 1 à 10,000 fr.; 2 0/0 de 10,000 à 50,000 fr.; 1.50 0/0 de 50,000 à 100,000 fr.; 1 0/0 de 100,000 à 500,000 fr.; 0.50 0/0 au-dessus;

Nîmes : 2 0/0 de 1 à 10,000 fr.; 1 0/0 de 10,000 à 50,000 fr.; 0.50 0/0 au-dessus;

Orléans : 3 0/0 de 1 à 5,000 fr.; 2 0/0 de 5,000 à 50,000 fr.; 1.50 0/0 de 50,000 à 100,000 fr.; 1 0/0 de 100,000 à 500,000 fr.; 0..50 0/0 au-dessus;

Paris : 3.50 0/0 de 1 à 5,000 fr.; 3 0/0 de 5,000 à 25,000 fr.; 2.50 0/0 de 25,000 à 50,000 fr.; 2 0/0 de 50,000 à 100,000 fr.; 1 0/0 de 100,000 à 500,000 fr.; 0,50 0/0 au-dessus;

Poitiers : 2 0/0 de 1 à 5,000 fr.; 1.50 0/0 au-dessus;

Rennes : 2 0/0 de 1 à 20,000 fr.; 1.50 0/0 de 20,000 à 100,000 fr.; 1 0/0 de 100,000 à 300,000 fr.; 0.50 0/0 au-dessus; *minimum*, 5 fr.

Riom : 2 0/0 de 1 à 5,000 fr.; 1 0/0 de 5,000 à 50,000 fr.; 0.75 0/0 de 50,000 à 100,000 fr.; 0.50 0/0 au-dessus;

Rouen : 2.50 0/0 de 1 à 10,000 fr.; 2 0/0 de 10,000 à 50,000 fr.; 1 0/0 de 50,000 à 150,000 fr.; 0.50 0/0 au-dessus;

Seine. — *A la chambre des notaires* : 1.50 0/0 jusqu'à 1 million; 1 0/0 de 1 à 2 millions; 0.75 0.0 de 2 à 6 millions; 0.50 0/0 au-dessus (si l'adjudication n'est pas suivie d'effet, il n'est rien dû pour le cahier des charges): — Si l'adjudication est prononcée au profit d'un colicitant : 1.25 0/0 jusqu'à 1 million; 0.75 0/0 de 1 à 2 millions; 0.50 0/0 au-dessus.

Partout ailleurs qu'à la chambre des notaires. — *a*) Terrain de culture : 4 0/0 de 1 à 3,000 fr.; 3 0/0 de 3,000 à 20,000 fr.; 2 0/0 de 20,000 à 50,000 fr.; 1 0/0 de 50,000 à 100,000 fr.; 0.50 0/0 au-dessus;

b) Terrain à bâtir : 3 0/0 de 1 à 20,000 fr.; 2 0/0 de 20,000 à 50,000 fr.; 1 0/0 de 50,000 à 200,000 fr.; 0.50 0/0 au-dessus;

c) Autres immeubles ou maisons : 2 0/0 de 1 à 200,000 fr.: 1 0/0 de 200,000 à 600,000 0/0 fr.; 0.50 0/0 au-dessus;

Vente d'immeubles de gré à gré. — Bastia : 1 0/0 de 1 à 20,000 fr.; 0.50 0/0 de 20,000 à 100,000 fr.; 0.25 0/0 au-dessus;

Riom : 1 0/0 de 1 à 50,000 fr.; 0.75 0/0 de 50,000 à 100,000 fr.; 0.50 0/0 de 100,000 à 300,000 fr.; 0.25 0/0 au-dessus;

Amiens, Caen, Chambéry, Grenoble, Montpellier, Nancy, Nimes, Orléans : 1 0/0 de 1 à 100,000, 0.50 0/0 de 100,000 à 300,000 fr.; 0.25 0/0 au-dessus;

Besançon : 1 0/0 de 1 à 100,000 fr.; 0.50 0/0 de 100,000 à 200,000 fr.; 0.25 0/0 au-dessus;

Dijon : 1 0/0 de 1 à 100,000 fr.; 0.75 0/0 de 100,000 à 200,000 fr.; 0.50 0/0 de 200,000 à 300,000 fr.; 0.25 0/0 au-dessus;

Pau, Rouen : 1 0/0 de 1 à 100,000 fr.; 0.50 0/0 de 100,000 à 500,000 fr.; 0.25 0/0 au-dessus;

Aix : 1 0/0 de 1 à 150,000 fr.; 0.50 0/0 de 150,000 à 500,000 fr.; 0.25 0/0 au-dessus;

Bourges : 1 0/0 de 1 à 150,000 fr.; 0.50 0/0 de 150,000 à 300,000 fr. 0.25 0/0 au-dessus;

Poitiers : 1 0/0 de 1 à 200,000 fr.; 0.50 0/0 de 200,000 à 400,000 fr.; 0.25 0/0 au-dessus;

Agen, Alger, Angers, Douai, Limoges, Paris, Rennes, Toulouse : 1 0/0 de 1 à 200,000 fr.; 0.50 0/0 de 200,000 à 500,000 fr.; 0.25 0/0 au-dessus;

Lyon : 1 0/0 de 1 à 300,000 fr.; 0.75 0/0 de 300,000 à 500,000 fr.; 0.50 0/0 de 500,000 fr. à 1 million; 0.25 0/0 au-dessus;

Bordeaux : 1 0/0 de 1 à 300,000 fr.; 0.50 0/0 de 300,000 à 600,000 fr.; 0.25 0/0 au-dessus;

Seine : 1 0/0 de 1 à 800,000 fr.; 0.50 0/0 de 800,000 à 1,500,000 fr.; 0.25 0/0 de 1,500,000 à 3 millions; 0.125 0/0 au-dessus.

Minimum : Tous les tarifs : 5 fr.

Vente de gré à gré de bois taillis, futaies, fruits et récoltes, et en général de meubles et objets mobiliers. — Même tarif que ci-dessus, sauf Nancy : 0.50 0/0 de 1 à 100,000 fr.; 0.25 0/0 au-dessus.

Paris : 1 0/0 de 1 à 200,000 fr.; 0.50 0/0 de 200,000 à 500,000 fr.; 0.25 0/0 au-dessus; *minimum* : 5 fr.

Seine : V. *infrà*. Vente mobilière de gré à gré.

Vente de gré à gré d'actions commerciales et industrielles et autres droits incorporels. — Même tarif que ci-dessus, sauf Douai : 0.50 0/0 de 1 à 50,000 fr.; 0.25 0/0 au-dessus : *minimum* : 5 fr.

Nancy : 1 0/0 de 1 à 100,000 fr. ; 0.50 0/0 de 100,000 à 300,000 fr. ; 0.25 0/0 au-dessus.

Rouen : 1 0/0 de 1 à 100,000 fr. ; 0.50 0/0 de 100,000 à 500,000 fr. 0.25 0/0 au-dessus.

Alger, Seine : V. *infrà.* Vente mobilière de gré à gré.

Vente de gré à gré de fonds de commerce. — Amiens, Bourges : Même tarif que pour la vente de gré à gré, mais 0.50 0/0 seulement sur la valeur des marchandises.

Rennes : Même tarif également mais 0.50 0/0 de 1 à 50,000 fr. et 0.25 0/0 au-dessus, sur la valeur des marchandises.

Nancy : 0.50 0/0 de 1 à 100,000 fr. ; 0.25 0/0 au-dessus ;

Douai : 1 0/0, mais 0.50 0/0 seulement sur la valeur des marchandises ;

Angers, Limoges, Orléans, Poitiers : 1 0/0 de 1 à 20,000 fr. ; 0.50 0/0 au-dessus ;

Paris : 1 0/0 de 1 à 200,000 fr. ; 0.50 0/0 de 260,000 à 500,000 fr. ; 0.25 0/0 au-dessus ; mais moitié seulement sur la valeur des marchandises ;

Les autres ressorts : sans tarification spéciale.

Vente mobilière de gré à gré. — 1 0/0 de 1 à 20,000 fr. ; 0.50 0/0 de 20,000 à 100,000 fr. ; 0.25 0/0 au-dessus. (Tarification spéciale à la Seine et à Alger).

Vente de gré à gré de navires et bateaux. — Rouen : 0.25 0/0 ; Douai. 0.25 0/0 ; minimum, 5 fr. Bordeaux, Rennes : 0.50 0/0 ; Nancy : 0.50 0/0 de 1 à 100,000 fr. ; 0.25 0/0 au-dessus : Bastia, Limoges ; même tarif que pour vente d'immeubles de gré à gré :

Les autres ressorts : sans tarification spéciale.

Vente de gré à gré d'offices ministériels. — Bordeaux : 0.50 0/0 ; Limoges : même tarif que vente d'immeubles de gré à gré ; les autres ressorts : sans tarification spéciale.

Vente (tentative de) aux enchères de meubles ou immeubles, — Alger, 82 fr. (spécial).

DIRECTION DE L'OFFICE GÉNÉALOGIQUE

NOTE RECOMMANDÉE. — Toutes les communications qui nous sont faites sont l'objet de la discrétion la plus absolue ; en aucun cas, le nom ou la qualité du correspondant qui nous a signalé une affaire ne sont dévoilés, non pas parce que sa communication est illicite ou incorrecte, mais parce que nous entendons lui éviter toute récrimination ou froissement avec des personnes que nos travaux viendraient à évincer ou à mettre en concurrence avec de nouveaux venus. Le bien fondé de nos opérations ne reste plus à démontrer ; leur régularité et leur utilité ont été établies par les arrêts de toutes juridictions, y compris la Cour Suprême, et la jurisprudence est aujourd'hui fixée favorablement au sujet de nos travaux et de nos traités de révélation, ainsi que sur la rémunération qui y est attachée.

Voir pages 1 à 9 nos Instructions très intéressantes pour MM. les notaires et leurs clercs.

L'OFFICE GÉNÉALOGIQUE ne réclame jamais rien en cas d'insuccès

DROITS D'ENREGISTREMENT
MIS AU COURANT DE LA LÉGISLATION

ENREGISTREMENT. — PRINCIPES GÉNÉRAUX

Assiette du droit. — Les droits d'enregistrement sont *fixes* ou *proportionnels.*

Le droit *fixe* s'applique aux actes civils, judiciaires ou extra-judiciaires, qui ne contiennent ni obligation, ni libération, ni condamnation, collocation ou liquidation de sommes et valeurs, ni transmission de propriété, d'usufruit ou de jouissance de biens meubles ou immeubles.

Le droit *proportionnel* est établi pour les obligations, libérations, condamnations, collocations ou liquidations de sommes et valeurs, et pour toute transmission de propriété, d'usufruit ou de jouissance de biens meubles et immeubles soit entre vifs, soit par décès. — Il est assis sur les valeurs calculées de 20 francs en 20 francs.

La valeur de la propriété, de l'usufruit et de la jouissance des biens meubles et immeubles est déterminée, pour la liquidation et le payement du droit proportionnel, suivant le mode établi, pour chaque nature d'actes ou de mutations, par les art. 14 et 15 de la L. 22 frim. an 7.

Ce mode est indiqué séparément pour chaque acte porté dans ce tarif.

Si les sommes et valeurs ne sont pas déterminées dans un acte ou un jugement donnant lieu au droit proportionnel, les parties sont tenues d'y suppléer, avant l'enregistrement, par une déclaration estimative, certifiée et signée au pied de l'acte.

Pluralité des droits. — Lorsque dans un acte civil, il y a plusieurs dispositions indépendantes ou ne dérivant pas nécessairement les unes des autres, il est dû pour chacune d'elles, et selon son espèce, un droit particulier.

Quant aux exploits, il est dû un droit pour chaque demandeur ou défendeur, en quelque nombre qu'ils soient dans le même acte, excepté les copropriétaires et cohéritiers, les parents réunis, les cointéressés, les débiteurs ou créanciers associés ou solidaires, les séquestrés, les experts et les témoins, qui ne sont comptés que pour une seule et même personne.

Mais, il n'est dû qu'un droit, quel que soit le nombre des demandeurs ou défendeurs, en ce qui concerne les exploits relatifs aux procédures de délaissement par hypothèques de purge des hypothèques légales ou inscrites, de saisie immobilière, d'ordre judiciaire et de contribution judiciaire.

Délais pour l'enregistrement des actes et déclarations. — TROIS JOURS pour les procès-verbaux de contravention en matière de police de roulage.

QUATRE JOURS. : pour les exploits et actes des *huissiers*, les protêts faits par les *notaires*, les procès-verbaux de ventes des *commissaires-priseurs*, les procès-verbaux des agents de tout ordre ayant pouvoir de verbaliser.

Pour ces derniers, le délai ne court que de la date de l'affirmation, quand ils sont assujettis à cette formalité.

DIX JOURS pour les actes des *courtiers de commerce*, ainsi que pour les procès-verbaux des ventes publiques de marchandises par eux faites.

DIX OU QUINZE JOURS pour les actes des *notaires*, selon qu'ils résident ou ne résident pas dans la commune où le bureau de l'enregistrement est établi.

Pour les actes en *plusieurs séances* ou *vacations*, chaque séance doit être enregistrée dans le délai.

QUINZE JOURS pour les baux des hospices et autres établissements publics de bienfaisance, *devant notaire*, à partir du jour de la remise au notaire par le maire, de l'approbation du préfet ; pour les procès-verbaux des vérificateurs des poids et mesures, à partir de l'affirmation qui a lieu au plus tard le lendemain de la clôture.

VINGT JOURS pour les *actes judiciaires.*

Vingt jours pour les *actes administratifs*, savoir : 1· actes des administrations centrales et municipales. — 2· ventes de prises et de navires ou bris de navires, par les officiers de la marine; — 3· actes des autorités administratives et des établissements publics, portant transmission de propriété, d'usufruit ou de jouissance; adjudication ou marché de toute nature, aux enchères, au rabais ou sur soumission ; cautionnement relatif à ces actes ; — 4· procès-verbaux d'assiette, d'arpentage, de balivage, de martelage, de bris de réserve, de délivrance de menus produits, dressés par les agents forestiers.

Le délai, à l'égard des actes qui ne doivent avoir d'exécution qu'après avoir été approuvés par l'autorité supérieure, court du jour de la remise de l'arrêté d'approbation du préfet.

Vingt jours de l'échéance de chaque terme des baux fait verbalement suivant l'usage des lieux, pour le payement des droits des termes échus.

Vingt premiers jours de chaque trimestre, pour le payement des droits dus pour la cession des actions et obligations des sociétés; des droits de transmission dus sur les obligations des départements, communes et établissements publics, et pour le payement de la taxe de 4 0[0 sur le revenu.

Un mois, à compter de la délivrance des expéditions, pour les ordonnances qui, au cas de suppression d'un titre *d'office*, prononcent son extinction, et fixent à défaut de traité, une indemnité à payer au titulaire de l'office supprimé, ou à ses héritiers.

Un mois, à compter de leur constitution définitive pour la déclaration à faire par les sociétés, du nombre et du montant des titres d'actions ou d'obligations émis par elles.

Un mois à compter du commencement de chaque période d'un bail écrit consenti pour plus de trois années, lorsque l'on a fractionné le payement du droit par périodes triennales.

Deux mois pour les procès-verbaux de réarpentage, récolement et autres rédigés par les agents-forestiers *postérieurement* à la délivrance en nature.

Trois mois : 1· pour les *testaments* déposés chez les notaires ou par eux reçus, à compter du décès des testateurs; — 2· pour les actes sous seing privé, translatifs de propriété ou d'usufruit d'immeubles, et les baux cessions et subrogations de baux et les engagements d'immeubles. — Pour ceux des actes de ces espèces passés en pays étranger, ou dans les îles ou colonies françaises, le délai est de six mois, s'ils sont faits en Europe; d'une année, si c'est en Amérique, et de deux années, si c'est en Asie ou en Afrique; 3· pour les baux d'immeubles, sans conventions écrites, le droit est perçu d'après une déclaration estimative.—4· pour les mutations de propriétés de fonds de commerce ou de clientèle. Si la mutation est verbale, le délai ne court, pour les baux comme pour les cessions de fonds de commerce ou de clientèle, que du jour de l'entrée en possession.

Un délai supplémentaire d'un mois est accordé à l'ancien propriétaire ou bailleur, ainsi qu'au vendeur de fonds de commerce, pour déposer à l'enregistrement l'acte de vente ou de bail ou faire la déclaration de la vente et s'affranchir tant du versement immédiat des droits que du droit en sus qui lui est imposé personnellement, en cas de contravention. Quand il s'agit d'un bail verbal, c'est le bailleur qui est le seul tenu d'en faire la déclaration et de payer les droits, mais il a un recours contre le preneur dont le loyer annuel est supérieur à 100 fr.

Dix premiers jours de chaque trimestre, pour le versement des taxes perçues pendant le trimestre précédent sur les assurances maritimes.

Avant le dixième jour du 3· mois de chaque trimestre, pour le versement des taxes perçues sur les assurances contre l'incendie pendant le trimestre précédent. Mais pour les assurances mutuelles dont les cotisations se payent d'avance, la taxe se paye par quart dans les 10 jours qui suivent l'expiration de chaque trimestre.

Dans les trois premiers mois de chaque année pour la taxe d'accroissement due par les congrégations religieuses et sociétés visées par les lois des 28 déc. 1880 et 29 déc. 1884.

Il n'y a point de délai de rigueur pour l'enregistrement des actes sous seing privé autres que les précédents ; mais il ne peut en être fait aucun usage soit par acte public, soit en justice, ou devant toute autorité constituée, qu'ils n'aient été enregistrés.

Les délais pour l'enregistrement des déclarations de successions sont : de *six mois*, à compter du jour du décès, si le décès a eu lieu en France ; — *huit mois* pour toute autre partie de l'Europe ; — *une année* pour l'Amérique ; *deux années* pour l'Afrique ou l'Asie.

Le délai de six mois court, pour la succession d'un absent, soit de la prise de possession ; soit du jour de l'envoi en possession provisoire.

Dans ces délais, le jour de la date de l'acte ou de l'ouverture de la succession n'est pas compté, non plus que le dernier jour, si c'est un dimanche ou un jour de fête légale.

Opérations de Bourse. — Paiement des droits chaque mois du 10 au 15 et du 25 au 30 ou 31.

Bureaux où les actes doivent être enregistrés. — Les *notaires* ne peuvent faire enregistrer leurs actes qu'aux bureaux dans l'arrondissement desquels ils résident.

Les *notaires* près les Cours d'appel peuvent faire enregistrer les inventaires dans les bureaux où ils instrumentent. Mais la dernière vacation, doit toujours recevoir la formalité au bureau de leur résidence.

Les actes en *double minute* sont enregistrés sur chaque minute, au bureau de la résidence de chacun des notaires.

Les *huissiers* et tous autres agents verbalisateurs font enregistrer leurs actes, soit au bureau de leur résidence, soit au bureau du lieu où ils les ont faits.

Les procès-verbaux de *vente mobilière aux enchères* ne peuvent être enregistrés qu'aux bureaux où les déclarations *préalables* ont été faites.

Les *gardes* et *agents forestiers, les gardes champêtres*, les gendarmes, les vérificateurs des poids et mesures et les préposés des *douanes* peuvent faire enregister leurs actes au bureau le plus voisin de leur résidence. S'il n'y a pas de bureau à leur résidence, les *gendarmes* peuvent adresser leurs procès-verbaux, au procureur de la République, qui les fait enregistrer au bureau du siège de l'arrondissement.

Les *commissaires* et autres fonctionnaires *de police* doivent faire enregistrer leurs procès-verbaux, soit au bureau de leur résidence, soit à celui de l'arrondissement dans lequel ils procèdent.

Les *greffiers* et les *secrétaires* des administrations publiques doivent faire enregistrer leurs actes aux bureaux dans l'arrondissement desquels ils exercent leurs fonctions.

Les actes sous seing privé et ceux passés en pays étranger peuvent être enregistrés dans tous les bureaux indistinctement.

Les *testaments faits en pays étranger* ne peuvent être exécutés en France qu'après enregistrement au bureau du domicile du testateur, s'il en a conservé un ; sinon au bureau de son dernier domicile connu ; si le testament dispose d'immeubles situés en France, il doit être en outre enregistré au bureau de la situation de ces immeubles, sans qu'il puisse être exigé un double droit.

Les mutations par décès de propriété ou d'usufruit de biens immeubles sont enregistrées au bureau de la situation des biens, d'après une déclaration des héritiers, donataires ou légataires, leurs tuteurs ou curateurs, écrite et signée sur formule fournie par l'administration. — Pour les biens meubles, la déclaration en est faite au bureau de l'arrondissement duquel ils se sont trouvés au décès. — Les rentes et autres biens meubles sans assiette déterminée sont déclarés au bureau du domicile du décédé. — Les rentes, créances, actions et autres valeurs sans assiette déterminée dépendant de successions d'étrangers doivent être déclarés au bureau du domicile du débiteur, ou du siège de la société ; spécialement les rentes sur l'Etat à Paris, au bureau de l'arrondissement où se trouve le ministère des finances.

Les mutations verbales de fonds de commerce doivent être déclarées au bureau de l'enregistrement de la situation.

Les sociétés qui ont émis des titres d'actions ou d'obligations doivent faire au bureau de leur siège social ou de leur principal établissement : 1° la déclaration d'existence, de constitution et d'émission; 2° le payement des droits de cession et de la taxe sur le revenu.

Les taxes des assurances doivent être versées au bureau de l'enregistrement du siège des sociétés ou du domicile de l'assureur.

Payements des droits. — Les droits doivent être payés *avant l'enregistrement* et d'après la liquidation du receveur, sauf à se pourvoir en restitution, s'il y a lieu.

Aucune autorité publique ne peut, en principe, accorder de remise ou modération des droits établis et des peines encourues sans en devenir personnellement responsable. L'usage s'est pourtant établi d'accorder remise partielle et parfois totale des droits en sus ou amendes. Mais cette faculté est laissée à l'arbitraire de la Régie.

Les droits sont acquittés, savoir : Par les notaires, *pour les actes passés devant eux;* — Par les huissiers et autres ayant pouvoir de faire des exploits et procès-verbaux, *pour ceux de leur ministère;* — Par les greffiers, *pour les actes et jugements;* — Par les secrétaires des administrations centrales et municipales *pour les actes soumis à la formalité de l'enregistrement;* — Par les parties, *pour les actes sous seing privé et ceux passés en pays étranger, pour les ordonnances sur requête ou mémoires et les certificats immédiatement délivrés par les juges, et pour les actes et décisions arbitrales.*

Par les héritiers, légataires et donataires, leurs tuteurs et curateurs, et les exécuteurs testamentaires, *pour les testaments et autres actes de libéralité à cause de mort;* — Par les locataires, pour les baux écrits; — Par les propriétaires, pour ceux qui sont verbaux, mais sauf leur recours contre les locataires, quand le prix annuel excède 100 francs.

Les droits des actes civils et judiciaires emportant obligation, libération ou transmission de propriété ou d'usufruit de meubles ou immeubles sont supportés par les débiteurs et nouveaux possesseurs; et ceux de tous les autres actes, par les parties auxquelles les actes profitent, lorsque dans ces divers cas il n'a pas été stipulé de dispositions contraires dans les actes.

Les droits de déclarations des mutations par décès sont payés par les héritiers, donataires, légataires ou par les curateurs aux successions vacantes. — Les cohéritiers sont solidaires.

Les receveurs ne peuvent différer l'enregistrement des actes et des mutations dont les droits ont été payés. — Ils ne peuvent non plus retenir des actes ou exploits; mais si un acte en brevet ou sous seing privé ou un exploit contient des renseignements dont la trace puisse être utile pour la découverte des droits dus, le receveur a la faculté d'en tirer copie, et de la faire certifier conforme à l'original par l'officier ou la partie qui l'a présentée. En cas de refus, il peut réserver l'acte pendant vingt-quatre heures seulement, pour s'en procurer une collation en forme, à ses frais, sauf répétition s'il y a lieu.

Les droits établis par la loi du 23 juin 1857 et par celle du 16 septembre 1871 sur les cessions d'actions et d'obligations sont payés par les sociétés, départements, communes et établissements publics, sauf leur recours contre les propriétaires et porteurs de titres.

Restitutions de droits et prescriptions. — Tout droit d'enregistrement régulièrement perçu ne peut être restitué, quels que soient les événements ultérieurs sauf les cas prévus par la loi.

Il y a lieu à restitution : 1° Lorsqu'à défaut de mention d'enregistrement d'un acte dans un jugement rendu, ou un arrêté pris en conséquence, le droit dû pour cet acte ayant été exigé sur le jugement ou l'arrêté, il est ensuite justifié de cet enregistrement, — 2° Lorsque le droit d'obligation ayant été perçu sur une délégation de prix dans un contrat, pour acquitter des créances à terme, envers un tiers, sans énonciation de titre enregistré, il est justifié de l'enregistrement de ce titre; 3° Lorsqu'une adjudication faite en justice a été annulée par les voies légales. (Av. Cons d'État 18-22 oct. 1818); — 4° Lorsque, dans le délai de deux ans, à partir de la perception du droit proportionnel sur acquisitions amiables, faites en vue d'une expropriation pour cause d'utilité publique, mais antérieurement aux arrêtés des préfets, il est justifié que les immeubles acquis sont compris dans ces arrêtés; — 5° Lorsque la transmission d'un office n'a été suivie d'aucun effet, ou, en cas de réduction du prix, sur l'excédent;—6° En cas de retour de l'absent dont les droits de successions ont été payés; — 7° Des droits perçus sur un *contrat de mariage*, sauf le droit fixe, lorsqu'il est constaté que la célébration n'a pas eu et n'aura pas lieu; — 8° Lorsque le prix d'adjudication *des ventes judiciaires* d'immeubles ne dépasse pas 2,000 fr. et est devenu définitif par l'expiration du délai de surenchère, toutes les sommes payées pour droits de timbre, d'enregistrement, de greffe et d'hypothèque sur les actes rédigés en exécution de la loi pour parvenir à l'adjudication sont restituées à l'avoué poursuivant sur état fixé ou arrêté par le jugement, en la forme déterminée par la loi du 23 oct. 1884, art. 4.

Il y a prescription pour la demande des droits, savoir :

1° *Après un an*, du jour de l'enregistrement du contrat, pour requérir l'expertise du prix de vente de biens immeubles paraissant inférieur à leur valeur vénale à l'époque de l'aliénation. Le délai pour requérir l'expertise du prix de vente de fonds de commerce est de trois mois seulement,

2° *Après deux années*, du jour de l'enregistrement, s'il s'agit d'un droit non perçu ou d'un supplément de perception insuffisament faite, ou d'une fausse évaluation du revenu des immeubles ou d'une insuffisance d'évaluation des loyers énoncés dans les déclarations des locations verbales.

Le droit de requérir l'expertise se prescrit par le même temps.

Cette prescription s'applique aux amendes de contraventions à l'enregistrement, et aux amendes de timbre. Elle court du jour où les préposés ont été mis à portée de constater les contraventions au vu de chaque acte soumis à l'enregistrement, ou du jour de la présentation des répertoires à leur *visa*.

Toutefois dans certains cas déterminés : — 1° par l'art. 1 de la loi du 16 flor. an 4, sur le dépôt des répertoires : — 2° par la loi du 25 vent, an 11 contenant organisation du notariat; — 3° par l'art. 68 du Code de commerce, pour la publication des contrats de mariage des commerçants, la prescription biennale court du jour où la contravention a été commise.

Les parties sont non recevables, après le même délai (*deux ans*), pour toute demande en restitution de droits perçus.

Ce délai pour la restitution des droits, comme pour la réclamation des suppléments de droits, se compte du jour de l'enregistrement de l'acte ou de la déclaration.

3° *Après cinq années*, du jour de l'enregistrement, s'il s'agit d'une omission de biens, autres que des inscriptions de rentes sur l'État, dans une déclaration faite après décès, pour le recouvrement de la taxe sur le revenu et pour la restitution des sommes indûment payées à ce titre, — le tout à partir du jour de l'exigibilité ou de la perception des droits.

4° *Après dix ans*, du jour du décès, pour les successions non déclarées, et pour prouver, par témoins toute dissimulation dans dans le prix d'une vente ou la soulte d'un partage ou d'un échange, ayant pour objet des immeubles, des fonds de commerce ou clientèles.

5° *Après trente ans* : 1° en cas de retard de déclaration ou d'omission d'inscriptions de rentes sur l'État dans une déclaration de succession ; 2° et en général pour la demande des droits *simples* d'une mutation secrète non déclarée, ou d'un acte qu'on a omis de faire enregistrer.

Les prescriptions ci-dessus (sauf celle de trente ans toutefois) sont suspendues par des demandes signifiées et enregistrées avant l'expiration des délais; mais elles sont acquises irrévocablement si les poursuites commencées sont interrompues pendant une année sans qu'il y ait d'instance devant les juges compétents, quand même le premier délai pour la prescription ne serait pas expiré.

La date des actes sous seing privé ne peut cependant être opposée à l'État pour la prescription des droits et des peines encourues, à moins que ces actes n'aient acquis une date certaine par le décès de l'une des parties, ou autrement.

TARIF

DES DROITS D'ENREGISTREMENT (1)

ABANDONNEMENTS de biens. — Droit fixe : 7 fr. 50. (L. 22 fr. an VII).

ABANDONNEMENTS pour faits d'assurance ou grosse aventure, *en temps de paix*. — *Le droit est perçu sur la valeur des objets abandonnés.* — Droit proportionnel : 1 fr. par 100 fr, (L. 28 avril 1816).

Idem *en temps de guerre* D. p. 50 c. par 100 fr.

ABSTENTIONS, répudiations et renonciations pures et simples à successions, legs ou communautés, 1° par acte civil, D. f. 3 fr. — Il est dû un droit par renonçant et par succession ; 2° par acte au greffe D. f. 4 fr. 50 ; droit unique quel que soit le nombre des renonçants et celui des successions répudiées. (LL. 22 fr. an VII, 18 mai 1850 et 28 févr. 1872).

ACCEPTATIONS pures et simples de successions, legs ou communautés 1° par acte civil, D. f. 3 fr. — *Il est dû un droit par chaque acceptant et pour chaque succession* ; 2° par acte au greffe D. f. 4 fr. 50 ; droit unique, quel que soit le nombre des acceptants et celui des successions acceptées. (L. 22 frim. an VII)

ACCEPTATIONS de successions sous bénéfice d'inventaire. — D. f. 4 fr. 50.

ACCEPTATIONS de transports ou délégations de créances à terme. — D. f. 3 fr. (LL. d° et L., 18 mai 1850 et 28 févr. 1872).

ACCROISSEMENT (Droit d'). — Toutes les associations civiles ou religieuses, autorisées ou non, qui admettent l'adjonction de nouveaux membres doivent payer une taxe annuelle et obligatoire, 1° de 0 30 0/0 pour celles qui payent l'impôt de main-morte, et 2° de 0.40 0/0 pour les autres sociétés ; ladite taxe calculée sur la valeur brute des biens possédés par ces sociétés, et payables à terme échu dans les trois premiers mois de chaque année (L. du 16 avril 1895, art. 3 et 4).

ACQUIESCEMENTS purs et simples, par acte civil. — D. f. 3 fr. ; par acte au greffe, D. f. 4 fr. 50. (L. 28 févr. 1872).

ACQUISITIONS et échanges faits par l'Etat ; partages de biens entre lui et les particuliers, et tous autres actes à ce sujet. *Gratis.*

ACTES de commerce. Les marchés et traités réputés actes de commerce, *faits ou passés sous signature privée*, sont enregistrés *provisoirement* moyennant le droit fixe de 3 fr. — Les droits proportionnels sont perçus lorsqu'un jugement intervient sur ces marchés ou qu'un acte public est fait ou rédigé en conséquence. (L. 11 juin 1859).

ACTES de complément d'actes antérieurs enregistrés. D. f. 3 fr. s'il s'agit d'actes civils ; 1 fr. 50 s'il s'agit d'actes judiciaires. (L. 23 fév. 1872).

ACTES aux greffes des tribunaux civils. D. f. 4 fr. 50. (L. d°).

ACTES aux greffes des cours d'appel. D. f. 7 fr. 50. (L. d°).

ACTES innommés, qui ne peuvent donner lieu au droit proportionnel. D. f. 3 fr. s'il s'agit d'actes civils ; — 1 fr. 50 s'il s'agit d'actes judiciaires.

ACTES D'AVOUÉ à avoué devant les tribunaux de première instance et les cours d'appel, ainsi que leurs significations. *Exempts* (2).. L. 26 janv. 1832.

ACTES DE NOTORIÉTÉ. D. f. 3 fr. (LL. 28 avril 1816 et 26 févr. 1872).

---

(1) *Deux décimes et demi par franc* sont dus en sus de tous droits et produits dont le recouvrement est confié à l'administration de l'enregistrement.

(2) Les conclusions signifiées, doivent être présentées au Receveur de l'enreg. par l'huissier instrumentaire dans les quatre jours de la signification, à peine de 10 francs d'amende. Les originaux sont visés, cotés et paraphés par les receveurs.

ACTES DE NOTORIÉTÉ passés en France devant les juges de paix, et constatant les ressources des demandeurs en concessions de terres en Algérie. D. f. 1 fr. 50. (D. 23 avril 1852).

ACTES DE RECOURS (premier) en cassation, ou devant le Conseil d'Etat. D. f. 37 fr. 50. (LL. 28 avril 1816 et 19 févr. 1874).

ACTES refaits, pour nullité ou autre motif, sans aucun changement qui ajoute aux objets des conventions ou à leur valeur. D. f. 3 fr. (L. D°).

ACTE RESPECTUEUX (*Acte innommé*). D. f. 3 fr. (L. 28 févr. 1872).

ACTES RESPECTUEUX en vue du mariage d'indigents, enregistrés et visés pour timbre gratis. (L. 20 juin 1896, art. 6).

ACTES translatifs de propriété, d'usufruit ou de jouissance de biens immeubles, situés soit en pays étranger, soit dans les colonies françaises où le droit d'enreg. n'est pas étab i. D p. 0 fr. 20 pour 100 sur le prix exprimé en y ajoutant toutes les charges en capital. (L. 28 avril 1893).

S'il s'agit d'une cession opérée en France, de fonds publics, d'actions, d'obligations, de parts d'intérêts, de créances et généralement de valeurs mobilières étrangères, de quelque nature que ce soit, elle est passible du droit proportionnel établi pour les cessions de biens de même nature sis en France. (L. 23 août 1871).

ACTES DE TUTELLE OFFICIEUSE. D. f. 75 fr. (L. 28 févr. 1872).

ADJUDICATIONS ou autres actes, soit civils, soit judiciaires, translatifs de propriété à titre onéreux, de meubles et objets mobiliers généralement quelconques, même les ventes de biens de cette nature faites par l'Etat. D. p. 2 fr. pour 100 fr. V. Toutefois : *Vente de Meubles.*

La liquidation du droit est déterminée par le prix exprimé et le capital des charges qui peuvent y ajouter.

ADJUDICATIONS et tous autres actes civils et judiciaires, translatifs de propriété ou d'usufruit de biens *immeubles* à titre onéreux.—La formalité de la transcription ne donne lieu à aucun droit prop. D. p. 5 fr. 50 par 100 fr.

En Corse : D. p. 3 fr. 50 par 100 fr. (L. 28 avril 1816).

Lorsqu'un acte translatif de propriété ou d'usufruit comprend des meubles et immeubles, le droit est perçu sur la totalité du prix, au taux réglé pour les immeubles, à mo ns qu'il ne soit stipulé un prix particulier pour les objets mobiliers, et qu'ils ne soient désignés et estimés article par article dans le contrat.

La liquidation du droit est fixée par le prix exprimé en y ajoutant toutes les charges en capital.

ADJUDICATIONS JUDICIAIRES ou par *notaires commis :* — 1° Tous les exploits y relatifs, 2 fr. ; 2° 5 fr. 50 par 100 francs. (Voir ci-dessus adjudications); 3° 0 fr. 25 par 100 fr. sur le prix augmenté de toutes les charges. Ce droit de 0 fr. 25 par 100 fr. est, dans le cas d'adjudication prononcée au profit d'un colicitant, exigible sur la totalité du prix, sans qu'il y ait lieu d'en déduire la part revenant à l'adjudicataire. (L. 26 janv. 1892).

Les ventes au-dessous de 2,000 francs sont affranchies de cette taxe.

ADJUDICATIONS d'immeubles d'une succession aux héritiers *sous bénéfice d'inventaire.* D. f. 7 fr. 50 (en justice), 3 fr. (devant notaire), et D. p. de transcription, 1 fr. 50 par 100 fr. (L. 28 février 1872).

La perception du droit de transcription doit être établie sur le *prix intégral.*

ADJUDICATIONS à la folle-enchère de meubles ou immeubles lorsque le prix n'est pas supérieur à celui de la précédente adjudication. D. f. 4 fr. 50 sur ce qui excède le prix de la précédente adjudication, 1° meubles D. p. 2 fr. pour 100 fr.; 2° immeubles D. p. 5 fr. 50 par 100 francs.

ADJUDICATIONS au rabais et marchés des administrations locales ou des établissements publics. D. p., 1 fr. par 100 francs. (L. 28 avril 1816).

ADJUDICATIONS au rabais et marchés faits entre particuliers, qui ne contiennent ni vente, ni promesse de vente d'objets mobiliers. D. p. 1 fr. par 100 fr. (L. 22 frim. an VII).

Le droit est liquidé sur le prix exprimé ou l'évaluation des objets qui en sont susceptibles.

Si la régie acquiert ensuite la preuve que l'importance réelle du marché a été supérieure à l'évaluation faite pour l'enregistrement, elle est fondée à réclamer le droit de 1 pour 100 sur la différence. Cass. 27 juil. 1853 et 8 décembre 1856.

ADJUDICATIONS au rabais et marchés dont le prix est à la charge du Trésor public. D. p. 0 fr. 20 p. 100. (LL. 23 févr. 1872 et 28 avril 1893).

ADJUDICATIONS et marchés de toute nature ayant pour objet le travail dans les prisons. D. f. 3 fr. (LL. 6 juin 1857 et 28 fév. 1872).

ADJUDICATIONS et marchés concernant les chemins vicinaux D. f. 1 fr. 50. (L. 20 août 1881).

ADOPTIONS. 1° Déclaration devant le juge de paix. D. f. 1 fr. 50; 2° par jugement. D. f. 75 fr.; 3° par arrêt. D. f. 150 fr.; 4° Rejet par jugement. D. f. 20 fr.; 5° Rejet par arrêt. D. f. 30 fr. (L. 26 janv. 1892).

AFFECTATIONS d'hypothèques consenties *par les débiteurs* suivant actes postérieurs aux obligations (V. *Actes de complément*). D. f. 3 fr.
Consenties *par des tiers*, elles ont le caractère de cautionnement. D. p. 50 cent. par 100 fr. — V. *Cautionnements*. (L. 22 frim. an VII).

AFFECTATION HYPOTHÉCAIRE sur des **NAVIRES** consentie par acte authentique ou sous seing privé. D. p. 1 fr. par 1,000 fr.

AFFIRMATIONS de procès-verbaux des employés gardes, etc. — *Exempts*. (L. 22 frim. an VII).

AFFIRMATIONS de créances en matière de faillite. — *Exempts*.

ALIMENTS. — V. *Déclarations* et *Pensions alimentaires*.

ANTICHRÈSES. — V. *Engagements d'immeubles*.

APPRENTISSAGE. — (*Contrat d'*). D. f. 1 fr. 50. (L. 23 févr. 1872).

ARRÊTS interlocutoires ou préparatoires des cours d'appel. D. f. 7 fr. 50. (L. 26 janvier 1892).

ARRÊTS définitifs des cours d'appel : 1° en matière commerciale, D. p. 1 fr. 25 p. 100 fr. (L. d°).
2° en matière civile, D. p. 2 fr. p. 100 fr., avec minimum de 25 fr..
3° portant débouté de demande, D. f. 30 fr.

ARRÊTS des cours d'appel portant interdiction ou séparation de corps ou de biens entre mari et femme. D. f. 37 fr. 50. (L. d°).

ARRÊTS définitifs de la Cour de Cassation et du Conseil d'Etat D. f. 37 fr. 50 (L. 23 févr. 1872).

ARRÊTS interlocutoires et préparatoires de la Cour de Cassation et du Conseil d'Etat. D. f. 15 fr. (L. d°).

ARRÊTÉS de comptes D. p. 1 pour cent. (L. 5 mai 1855).

ASSISTANCE JUDICIAIRE — *Actes de la procédure faits à la requête de l'assisté; actes et titres produits par l'assisté pour justifier ses droits. Débet.* — V. *Timbre*. (LL. 22 janv. et 31 mars 1851).

ASSURANCE (*actes et contrats d'*) autres que les actes d'assurance maritime et contre l'incendie, *en temps de guerre* D. p. 0 fr. 50 par 100 fr.; —*en temps de paix*, D. p. 1 fr. par 100 fr. (même loi). — V. *Timbre*.

ASSURANCE CONTRE L'INCENDIE (*actes et contrat d'*). — gratis — droits remplacés par une taxe annuelle de 8 0/0 des primes.

ASSURANCE MARITIME (*actes et contrats d'*). — gratis — droits remplacés par une taxe annuelle de 52 cent. 0/0 des primes.

ASSURANCE MUTUELLE contre des risques autres que les événements de mer et que l'incendie. D. f. 3 fr. (*Acte innommé*).

ATERMOIEMENTS entre débiteurs et créanciers. — *Le droit est perçu sur les sommes que le débiteur s'oblige à payer* D. p. 50 cent. par 100 fr. — V. *Concordats*.

ATTESTATIONS pures et simples. D. f. 3 fr. (L. 18 mai 1850).

AUTORISATIONS pures et simples. D. f. 3 fr. (L. 23 févr. 1872).

AVAL d'un effet de commerce, billet à ordre ou lettre de change, 1° Sur l'effet, exempt; 2° par acte séparé : si l'effet a été enregistré. Dr. f. 3 fr.; si l'effet n'a pas été enregistré. D. p. 50 c. p. 100.

AVIS de parents. D. f. 3 fr. (Voir ci-dessous.)

AVIS DE PARENTS concernant des mineurs ou interdits indigents : *Exempts*. (Voir ci-dessous et L. 26 Janvier 1892.)

AVIS de parents autorisant l'engagement volontaire des mineurs. *Gratis*. (LL., 19 juillet 1845, 28 février 1872 et 23 avril 1893.)

BAUX à ferme ou à loyer, subrogations, cessions et rétrocessions de baux de biens meubles et immeubles, conventions pour nourriture de personnes lorsque la durée est limitée, sur le prix cumulé de toutes les années, augmenté des charges. D. p. 20 cent. par 100 fr. (L., 16 juin 1824.)

Si le prix est stipulé payable en nature, la liquidation du droit est faite d'après l'évaluation de la valeur des grains ou autres denrées, selon les mercuriales du marché le plus voisin. On forme l'année commune d'après les quatorze années antérieures à celle de l'ouverture des droits, on retranche les deux plus fortes et les deux plus faibles : l'année commune est établie sur les dix années restantes (L. 15 mai 1818, art. 75). Pour les baux à portions de fruits, l'évaluation de la part revenant au bailleur doit être faite d'après les dernières mercuriales du canton de la situation des biens. Cass. 9 mai 1826. — S'il s'agit d'objets dont la valeur ne puisse être constatée par des mercuriales, les parties en feront une déclaration estimative.

Si le bail est de plus de trois ans et si les parties le requièrent, le paiement du droit peut être fractionné par périodes triennales.

Pour les baux à cheptel, à défaut de prix estimé, le droit se perçoit sur l'évaluation du bétail.

BAUX d'immeubles dans lesquels l'Etat est preneur. *Gratis*.

BAUX EMPHYTÉOTIQUES. Cessions ou rétrocessions de ces baux. D. p. 5 1/2 pour 100). (LL., 22 février an VII et 28 avril 1816.)

BAUX d'ouvrages ou d'industrie. D. p. 1 p. 100. (L. D°.)

BAUX à rentes perpétuelles de biens *immeubles*. D. p. 5 fr. 50 par 100 fr. (L. D°.)

Le droit est perçu sur un capital formé de vingt fois la rente ou le prix annuel, et les charges aussi annuelles en y ajoutant les autres charges en capital et les deniers d'entrée (L. 22 frim. an 7, art. 15, n° 2). — Si le bail à rente a pour objet des immeubles ruraux, la rente doit être capitalisée par 25 pour la perception du droit.

BAUX de biens immeubles à durée illimitée. D. p. 4 fr. par 100 fr. (L. D°.)

Sur un capital formé de vingt fois la rente ou le prix annuel, en y ajoutant les charges.

BAUX de biens meubles pour un temps illimité D. p. 2 fr. par 100 fr.

BAUX à vie d'immeubles D. p. 4 fr. par 100 fr. (L. D°.)

Sur un capital formé de dix fois le prix et les charges annuelles, en y ajoutant les autres charges en capital telles que les deniers d'entrée.

BILAN, *exempts*. (L. du 26 janvier 1892.)

BILLETS à ordre, et tous autres effets négociables de particuliers ou de compagnies, y compris les lettres de change tirées de place à place. — *Les effets négociables de cette nature pourront n'être présentés à l'enr. qu'avec les protêts qui en auront été faits.* D. p. 50 c. p. 100 fr.

BILLETS au porteur. D. p. 50c. par 100 fr. (L. 10 mai 1808.)

BILLETS simples. D. p. 1 pour cent. (L. 16 mai 1855.)

BREVETS d'apprentissage. — V. *Apprentissage (Contrats d')*.

BULLETIN de gage. — V. *Warrants*.

BULLETIN DE CASIER JUDICIAIRE, dit bulletin n° 2, exempt de timbre, enregistrement, D. f. 0 fr. 20. (LL. 26 janvier 1892 et 5 août 1899.)

CAHIERS des charges par acte séparé de l'adjudication (*Actes innommés*). En justice, D. f. 1 fr. 50. — Devant notaire, D. f. 3 fr.

CAISSE D'EPARGNE. Pouvoirs à donner par les porteurs de livrets qui veulent vendre les inscriptions provenant de la consolidation opérée en 1848; — autres pièces à produire pour la vente, certificats de propriété, intitulé d'inventaire, etc. *Exempts*. — Sont également exempts de la formalité de l'enregistrement les imprimés, écrits et actes de toute espèce nécessaires pour le service de la caisse d'épargne postale et des caisses d'épargne ordinaires.

Toutefois les certificats de propriété et les actes de notoriété demandés par les caisses d'épargne sont soumis, *gratis*, à la double formalité du timbre et de l'enregistrement. (L. 21 nov. 1818, 9 avril 1881.)

CAISSE DE RETRAITE POUR LA VIEILLESSE. *Certificats, actes de notoriété et autres pièces exclusivement relatifs à l'exécution des lois des 18 juin 1850 et 20 juillet 1886, qui ont créé cette caisse. (Art. 21 de cette loi). Gratis.* — V. *Timbre.*

CAUTIONNEMENTS de baux de toute nature à *durée limitée.* D. p. 10 c. p. 100 fr. (L. 16 juin 1824.)

CAUTIONNEMENTS des comptables envers l'Etat. D. p. 25 c. par 100 fr. (L. 22 frim. an VII)

CAUTIONNEMENTS en immeubles ou en rentes des conservateurs des hypothèques. D. f. 3 fr. (L. 21 Vent. an VII et 18 mai 1850.)

CAUTIONNEMENTS des receveurs particuliers de la navigation intérieure. D. f. 3 fr. (L. 7 germ. an VIII et 28 févr. 1872.)

CAUTIONNEMENTS relatifs aux adjudications et marchés dont le prix doit être payé par le Trésor public. Droit proportionnel de 0 fr. 20 p. 100 sur le prix du marché ou l'évaluation faite par les parties.

CAUTIONNEMENTS de se représenter ou de représenter un tiers, en cas de mise en liberté provisoire. D. p. 50 c. par 100 fr.

CAUTIONNEMENTS de sommes et objets mobiliers, garanties mobilières et indemnités de même nature. D. p. 50 c. par 100 fr.

CÉDULES des juges de paix pour citer par-devant eux. *Exemptes.*

CERTIFICATS de cautions et de cautionnements. D. f. 3 fr.

CERTIFICATS purs et simples. D. f. 3 fr.

CERTIFICATS des avoués et greffiers. D. f. 1 fr. 50.

CERTIFICATS des imprimeurs attestant l'insertion d'un avis dans un journal : en matière civile, d. f. 3 fr.; en matière judiciaire, d. f. 1 fr. 50.

CERTIFICATS de vie et de résidence par chaque individu. D. f. 1 fr. 50.

CERTIFICATS de vie aux rentiers et pensionnaires de l'Etat. *Exempts.*

CESSIONS *d'actions ou promesses d'actions,* dans une société, compagnie ou entreprise quelconque, financière. industrielle, commerciale ou civile quelle que soit la date de sa création, et *d'obligations* émises soit par les sociétés soit par les départements, communes et établissements publics. D. p. 50 c. par 100 fr. de la valeur négociée, SANS DÉCIMES. Ce droit se perçoit sur la valeur négociée, déduction faite des versements restant à faire sur les titres non entièrement libérés.

Ce droit, pour les titres au porteur et pour ceux dont la transmission peut s'opérer sans un transfert sur les registres de la société, est converti en une taxe annuelle et obligatoire de 20 centimes par 100 fr. sans décimes, du capital des actions et obligations évaluées par leur cours moyen pendant l'année précédente, et, à défaut de cours dans cette année, conformément aux règles établies par les lois sur l'enregistrement (*Ibid.*). V. *Timbre.*

CESSIONS de parts d'intérêt dans les sociétés dont le capital n'est pas divisé en actions. D. p. 50 c. par 100 fr. (L. 22 frim. an VII.)

CESSIONS de créances à terme, sur le capital exprimé dans l'acte. D. p. 1 p. 100. (L. D° et 5 mars 1855.)

CESSIONS, transports et délégations de rentes de toute nature (*sauf des rentes foncières créées avant la loi du 11 brum. an 7*). D. p. 2 fr. par 100 fr. (L. D°)

La liquidation de droit prop. est déterminée par le capital constitué, quel que soit le prix stipulé pour le transport

CESSIONS et transports de rentes foncières dont le titre est *antérieur* à la loi du 11 brum. an 7. D. p. 3 fr. 50 par 100 fr. (droit de transcription compris. (L. D° et 18 avril 1816.)

CESSIONS de fonds de commerce. V. *Ventes.*

CHAMBRES DE DISCIPLINE. Délibérations et actes d'administration, d'ordre et de discipline intérieure, savoir : *Avoués* (Arr. du gouv., 13 frim. an 9). — *Commissaires-priseurs* (D. 29 germ. an 9). — *Notaires* (ord. du 4 janv. 1813). — *Huissiers,* (Déc. 14 juin 1813, art. 89). *Exempts.*

CHEMINS VICINAUX. Les actes quelconques ayant pour objet exclusif l'acquisition ou l'expropriation de terrains pour la construction, l'entretien ou la réparation de ces chemins. *Gratis.*

CHÈQUES. D. p. 50 cent. par 100 fr. **(L. 22 frim. an VII.)**

CODICILLES. — V. *Testaments.*

COLLATIONS d'actes et pièces ou extraits, par quelque officier public qu'elles soient faites. — *Le droit est payé pour chaque acte, pièce ou extrait collationné.* D. f. 3 fr.

Il n'est dû que 1 fr. 50 si la copie collationnée est destinée à l'accomplissement de formalités judiciaires, notamment à la purge des hypothèques légales.

COLLOCATIONS et distributions de sommes qui ne contiennent ni obligation ni transport par le débiteur. D. p. 50 cent. par 100 fr.

COMMAND. V. *Déclaration.*

COMPROMIS qui ne contiennent aucune obligation de sommes et valeurs. D. f. 4 fr. 50. (L. 28 avril 1816 et 28 février 1872.)

COMPTES de tutelle (arrêtés de). 1° quand le reliquat est payé. D. f. 3 fr. ; 2° quand le reliquat reste dû. D. p. 1 fr. par 100 fr. (L. d°.)

CONCESSIONS de terrains dans les cimetières : perpétuelles ou illimitées, D. p. 1 pour 100) ;—temporaires 20 cent. par 100 fr. (D. 12 mai 1846

CONCORDATS ou atermoiements en matière de faillite. *Exempts.* (L. 26 janvier 1892.)

Le concordat par abandon total ou partiel de l'actif du failli est assimilé à l'union pour la perception des droits d'enregistrement. D. f. 4 fr. 50.

CONGÉ (acte de). D. f. 3 fr. Droit fixe de 2 fr. seulement quand il est donné par acte extra-judiciaire. (L. d°.)

CONNAISSEMENTS ou reconnaissance de chargement par mer. D. f.) 4 fr. 50 par chaque destinataire. (L. 28 févr. 1872)

CONSENTEMENTS purs et simples. D. f. 3 fr. (L. d°.)

CONSTITUTIONS de rentes, soit perpétuelles, soit viagères, et de pensions à titre onéreux. D. p. 2 fr. par 100 fr. (L. 22 frim. an VII.)

La liquidation du droit prop. est déterminée par le capital constitué ou aliéné. — Pour les rentes et pensions créées sans expression de capital, leurs transports et amortissements, *à raison d'un capital formé de vingt fois la rente perpétuelle et de dix fois la rente viagère ou la pension, et quel que soit le prix stipulé pour le transport ou l'amortissement.*

CONTRATS DE MARIAGE, contenant déclaration des apports des futurs. D. p. 0 fr. 20 p. 100 d'après le montant net de ces apports. Minimum de 5 fr. pour les contrats de mariage qui ne constatent aucun apport. V. *Donations.*(L. 28 avril 1893.)

CONTRE-LETTTRE faite sous signature privée et tout acte constatant une dissimulation dans le prix d'une vente, soit d'immeubles, soit de fonds de commerce où la soulte soit d'un échange, soit d'un partage de biens de même espèce, Amende égale au quart de la somme dissimulée. Cette dissimulation peut être établie par tous les genres de preuves admises par le droit commun, à l'exception du serment décisoire.

CONTRE-LETTRE antérieure à la loi du 23 août 1871 faite S. S. P. et ayant pour objet une augmentation du prix stipulé dans un acte public.— Triple droit dû sur les sommes et valeurs ainsi stipulées.

CONTRE-LETTRE constatant une simulation du prix exprimé dans une cession d'office. Double droit de 2 p. 100. (L. 28 février 1872.)

CONVERSION d'actions ou d'obligations au porteur en titres nominatifs, et *vice versa*. D. p. 50 c. par 100 fr. (sans décimes) de la valeur déterminée par le cours moyen de la bourse de la veille.

COPIES COLLATIONNÉES. — V. *Collations.*

COTES ET PARAPHES de registres de négociants et autres. D. f. 1 fr. 50. (L. 28 avril 1816 et 23 févr. 1872.)

CRÉDIT (*acte d'ouverture de*) 50 c. par 100 fr., sauf la perception du droit complémentaire d'obligation en cas de réalisation constatée du crédit. V. *Oblig. de sommes.* (L. 23 août 1871.)

CRÉDIT FONCIER. — V. *Société de.*

DÉCHARGES de prix de vente de meubles. D. f. 3 fr.

DÉCHARGES de sommes et effets mobiliers. D. f. 3 fr.

DÉCHARGES à un mandataire ou comptable. D. f. 3 fr.

DÉCLARATIONS d'abatage en vertu des art. 131 et 132 du C. for. — *Exemples.*

DÉCLARATIONS d'appel des jugements rendus en matière de police correctionnelle, lorsqu'il n'y a pas de partie civile, ou lorsqu'il y a une partie civile en cause et que l'appelant est emprisonné. *Débet.*

S'il y a partie civile en cause et si l'appelant est en liberté. D. f. 1 fr. 50 c. (L. 21 mars 1817 et 19 févr. 1874.)

DÉCLARATIONS et significations d'appel des jugements des juges de paix aux tribunaux civils. D. f. 5 fr. (L. 19 févr. 1874 et 26 janv. 1892.)

DÉCLARATIONS et significations d'appel des jugements des tribunaux civils de commerce et d'arbitrage. D. f. 10 fr.

DÉCLARATIONS de dons manuels. — V. *Dons manuels.*

DÉCLARATIONS de command, si la déclaration est faite par un acte public, et notifiée dans les 24 heures de l'adjudication ou du contrat. D. f. 4 fr. 50 (L. 28 févr. 1872.)

Le délai de 24 heures, pour l'adjudicataire déclaré par un avoué, d'après l'art. 709 du Code de procédure, dans les trois jours de l'adjudication, ne court que du jour de cette déclaration.

DÉCLARATIONS de command, par suite d'adjudications ou de contrats de vente de biens *immeubles*, autres que celles des domaines nationaux, si la déclaration est faite après les vingt-quatre heures (ou trois jours suivant le cas) de l'adjudication ou du contrat, ou lorsque la faculté d'élire un command n'y a pas été réservée D. p. 5 fr. 50 par 100 fr.

S'il s'agit de biens *meubles*, dans le même cas. D. pr. 2 pour 100.

DÉCLARATIONS par des enfants qu'ils se soumettent à fournir des aliments à leurs père et mère ou ascendants, *sans fixation de somme.* D. f. 3 fr. (L. 18 mai 1850, 8 et 28 févr. 1872.)

DÉCLARATIONS de perte d'inscriptions de rentes sur l'Etat. D. f. 3 fr. (L. 28 févr. 1872.)

DÉCLARATIONS par les titulaires de cautionnements versés au Trésor, en faveur des bailleurs de fonds, pour leur assurer le privilège de second ordre. D. f. 3 fr. (L. 18 mai 1850 et 28 févr. 1872.)

DÉCLARATIONS simples en matière civile ou de commerce. D. f. 3 fr.

DÉLÉGATIONS de créances à terme ou de prix sans énonciation de titres enregistrés. D. p. 1 p. 100. (L. 7 août 1850 et 15 mai 1855.)

DÉLIVRANCES de legs, purs et simples. D. p. 0 fr. 20 p. 100 d'après le montant des sommes ou la valeur des objets légués.

DÉNONCIATION DE PROTÉT. D. f. 1 fr.

DÉPOTS d'actes et pièces chez les officiers publics. D. f. 3 fr.

DÉPOTS de sommes chez les particuliers. D. p. 1 pour 100, chez les officiers publics. D. f. 3 fr. (L. 28 avril 1816.)

DESISTEMENTS purs et simples. D. f. 3 fr. (L. d'.)

DEVIS purs et simples d'ouvrages et entreprises D. f. 3 fr.

DISPENSES d'âge pour le mariage. D. f. 20 fr. — Délivrées aux personnes reconnues indigentes. *Gratis*. (L. 28 avril 1816).

DISPENSES de parenté pour le mariage. D. f. 40 fr.

DIVORCE. *Jugements interlocutoires et préparatoires*. D. f. 7 fr. 50 c. — *Jugements de 1re instance prononçant le divorce*. D. f. 75 fr. — *Arrêt de Cour d'appel* prononçant définitivement sur une demande de divorce. D. f. 150 fr. *Acte de l'officier de l'état-civil* constatant le divorce, en suite d'un jugement non frappé d'appel. D. f. 150 fr. — Ce droit se perçoit sur l'expédition et seulement sur la première expédition de l'acte de l'état-civil ; la perception doit alors être mentionnée sur la minute en marge et ensuite sur les nouvelles expéditions qui peuvent en être délivrées. (L. 22 fr. an VII).

DOMICILE. Autorisation de l'établir en France. D. f. 20 fr.

Le gouvernement peut faire remise totale ou partielle de ces droits.

V. *Lettres de déclaration de naturalité*.

DOMMAGES-INTÉRÊTS prononcés par les juges de paix en matière civile et de police et les conseils de prudhommes. D. p. 2 fr. par 100 fr. ; par les tribunaux de première instance, les arbitres et les cours d'appel en matière civile, commerciale, criminelle et correctionnelle. D. p. 3 fr. p. 100 fr. (L. 26 janv. 1892).

DONS MANUELS. Les actes renfermant soit la déclaration par le donataire ou ses représentants, soit la reconnaissance judiciaire d'un don manuel, sont sujets au droit de donation. — V. *Donations entre vifs*.

DONATIONS ENTRE ÉPOUX par contrat de mariage et pendant le mariage soumises à l'évènement du décès. Fixe : 7 fr. 50 c. — Le droit n'est dû que dans les 3 mois du décès du donateur pour les donations faites hors contrat de mariage.

DONATIONS ENTRE VIFS. — Les droits d'enregistrement des donations entre vifs de biens meubles ou immeubles sont affranchis de tout décime ; ils sont perçus selon les quotités ci-après, et la formalité de la transcription au bureau des hypothèques ne donne lieu à aucun droit proportionnel autre que la taxe établie par la loi du 27 juillet 1900 :

En ligne directe :

1° Pour les donations portant partage, faites conformément aux articles 1075 et 1076 du Code civil, par les père et mère ou autres ascendants entre leurs enfants ou descendants, 1 fr. 70 p. 100. — 2° Pour les donations faites par contrat de mariage aux futurs, 2 p. 100 — 3° pour la donation autres que celles désignées aux deux numéros précédents, 3 fr. 50 pour 100.

Entre époux :

Par contrat de mariage, 3 50 p. 100. Hors contrat de mariage 5 p. 100.

Entre frères et sœurs :

Par contrat de mariage aux futurs, 7 p. 100. — Hors contrat de mariage 9 p. 100.

Entre oncles ou tantes et neveux ou nièces :

Par contrat de mariage, 8 p. 100. — Hors contrat de mariage, 10 p. 100.

Entre grands-oncles ou grand'-tantes et petits-neveux ou petites-nièces et entre cousins germains :

Par contrat de mariage 9, p. 100. — Hors contrat de mariage. 11 p. 100.

Entre parents au 5e et au 6e degré :

Par contrat de mariage, 10 p. 100. — Hors contrat de mariage, 12 p. 100.

Entre parents au delà du 6e degré et entre personnes non parentes :

Par contrat de mariage, 11 p. 100. — Hors contrat de mariage, 13.50 p. 100. (L. 25 janvier 1901, art. 18.)

N. B. Sont soumis à un droit de 9 p. 100, sans addition de décimes, les dons et legs faits aux départements et aux communes, en tant qu'ils sont affectés par la volonté expresse du donateur à des œuvres d'assistance, ainsi que les dons et legs faits aux établissements publics charitables et hospitaliers, aux sociétés de secours mutuels et à toutes autres sociétés reconnues d'utilité publique dont les ressources sont affectées à des œuvres d'assistance. Il sera statué sur le caractère de bienfaisance de la disposition par le décret rendu en Conseil d'Etat ou l'arrêté préfectoral qui en autorisera l'acceptation. — Sont également soumis au droit de 9 p. 100, sans addition de décimes, les dons et legs faits aux sociétés d'instruction et d'éducation populaire gratuites reconnues d'utilité publique et subventionnées par l'Etat. (L. 25 janvier 1901, art. 19.)

DONATIONS éventuelles ou à cause de mort, D. f. 7 fr. 50.

DONATIONS non acceptées par le donataire. D. f. 3 fr.

DROITS successifs (cession de). D. p. d'après la nature des biens cédés : 2 fr. par 100 pour les meubles; 4 fr. par 100 pour les immeubles en cas de cessation de l'indivision; 5 fr. 50 par 100 dans le cas contraire.

ÉCHANGES d'immeubles ruraux, *lorque les immeubles sont situés dans la même commune ou dans des communes limitrophes*, ou si l'un des immeubles est contigu aux propriétés de celui des échangistes qui le reçoit et dans le cas seulement où ces immeubles auront été acquis par les contractants depuis plus de deux ans ou recueillis à titre héréditaire D. p. 20 cent. par 100 fr. (L. 3 nov. 1884).

Nota. — Dans tous les cas, le contrat d'échange doit renfermer l'indication de la contenance, du numéro, de la section, du lieu dit, de la classe, de la nature et du revenu du cadastre de chacun des immeubles échangés, et un extrait de la matrice cadastrale desdits biens, qui sera délivré gratuitement, soit par le maire, soit par le directeur des contributions directes, sera déposé au bureau lors de l'enregistrement.

ÉCHANGE d'immeubles ne se trouvant pas dans les conditions ci-dessus. D. p. 3 fr. 50 par 100 fr. sur le revenu d'une des parts ou sur celui de la moindre part. (L. 21 juin 1875).

Dans tous les cas, même celui d'échange d'immeubles ruraux, s'il y a une soulte stipulée ou si l'un des lots a une plus-value, le droit exigible sur la soulte ou la plus-value est de 5 1/2 pour 100.

ÉLECTIONS, tous les actes judiciaires en matière électorale. *Gratis.*

EMANCIPATION (Acte d'), D. f. 15 fr. Il est dû un droit par chaque émancipé. (L. 19 juillet 1845 et 28 févr. 1872).

ENDOSSEMENTS et acquits des billets à ordre et autres effets négociables *sous seing privé. Exempts.* (L. 22 frim. an VII).

ENGAGEMENTS de biens immeubles, D. p. 2 fr. par 100 fr.
Le droit proportionnel est déterminé par les prix et sommes pour lesquels les engagements sont faits. (L. 22 frim. an VII).

ETATS de dettes. D. f. 3 fr. (L. 22 frim. an VII).
Etats joints aux donations (Mêmes lois et articles). D. f. 3 fr.
Etats sur déclaration de tiers saisi (Mêmes lois et articles). D. f. 3 fr.

EXECUTOIRES de dépens. D. p. 50 cent. p. 100 fr. avec minimum de 1 fr. 50.

EXPEDITIONS et extraits d'actes et jugements enregistrés. *Exempts.*

EXPLOITS en justice de paix. D. f. 1 fr.; conseils de prud'hommes, gratis si l'objet de la demande n'excède pas 25 fr.; conseils de prud'hommes. D. f. 50 cent. si l'objet de la demande excède 25 fr.; tribunaux civils et de commerce. D. f. 2 fr.; cours d'appel, D. f. 3 fr.; relatifs aux procédures d'ordre, de contributions et de vente judiciaire, D. f. 2 fr.; relatifs aux procédures de police. D. f. 1 fr. relatifs aux contributions publiques. D. f. 1 fr. lorsqu'il s'agit de cotes excédant 100 fr. gratis lorsqu'il s'agit de cotes de 100 fr. et au-dessous; autres que tous ceux ci-dessus nommés, D. f. 2 fr.

V. *Dénonciation de protêts, Protêt, Prud'hommes, et Significations.*

EXPROPRIATION pour cause d'utilité publique (tous actes relatifs à la procédure d'). *Gratis.* (L. du 3 mai 1841).

FAILLITES ou *Liquidations judiciaires.* Actes exempts de timbre et d'enregistrement. — V. *Répartition.* (L. du 28 janvier 1892).

GARANTIES. — V. *Cautionnements.*

L'OFFICE GÉNÉALOGIQUE ne demande jamais aucune provision.

HABITATIONS A BON MARCHÉ. — Les actes nécessaires à la constitution et à la dissolution des associations de construction ou de crédit sont dispensés de timbre et enregistrés gratis. Les pouvoirs en vue de la représentation à l'assemblée générale sont dispensés de timbre. Les actes constatant la vente des maisons individuelles à bon marché dont le prix aura été stipulé payable par annuités, supportent le droit également par annuités correspondantes au maximum de cinq.

HYPOTHÈQUE MARITIME (Acte privé, constitutif d'). Droit prop. de 1 fr. par 1,000 fr. des sommes ou valeurs portées au contrat.

INDEMNITES MOBILIÈRES. — V. *Cautionnement.*

INVENTAIRES mobiliers. — *Il est dû un droit pour chaque vacation.* D. f. 3 fr.

Les inventaires après *faillite* ne sont assujettis qu'à un seul droit fixe, quel que soit le nombre des vacations.

JUGEMENTS de justice de paix D. p. 1 p. 100 au minimum de 1 fr.; débouté, D. p. 1 fr.; civil préparatoire, D. f. 4 fr. 50; définitif, D. p. 2 fr. p. 100 au minimum de 7 fr. 50; prononçant des dommages-intérêts, D. p. 3 fr. p. 100 au minimum de 7 fr. 50; portant adjudication ou homologation de partage, D. p. 25 cent. p. 100; confirmant un jugement de paix, D. p. 50 cent. p. 100; infirmant. D. p. 50 cent. p. 100, plus 1 p. 100 sur les sommes qui n'ont pas subi déjà ce droit sur le jugement de paix ; de débouté, D. f. 20 fr.; d'interdiction ou de séparation. D. f. 22 fr. 50; d'adoption ou divorce, D. f. 75 fr.; de commerce; préparatoire, D. f. 4 fr. 50; définitif, D. p. 4 fr. 25 p. 100, minimum de 5 fr. dommages et intérêts. D. p. 3 fr. p. 100, minimum de 5 fr.; débouté, D. f. 10 fr.; conseils de prud'hommes, D. p. 4 fr. p. 100, minimum de 1 fr.; de police correctionnelle, D. f. 1 fr. 50; de police avec dommages. D. p. 2 fr. p. 100; correctionnel avec dommages, D. p. 3 fr. p. 100.

LEGITIMATION d'enfants d'indigents. — V. *Mariage des indigents et Reconnaissance d'enfants naturels.*

LETTRES d'autorisation de se faire naturaliser ou de servir à l'étranger D. f. 100 fr. (L. du 28 avril 1816, art. 55).

LETTRES d'autorisation d'établir son domicile en France. — V. *Domicile.*

LETTRES DE CHANGE tirées de place à place, et celles venant de l'étranger ou des colonies françaises, lorsqu'elles sont protestées. — Elles peuvent n'être présentées à l'enregistrement qu'avec les protêts qui en auront été faits. D. p. 50 c. par 100 fr. (L. du 23 février 1872, art. 10).

LETTRES de déclaration de naturalité. D. f. 20 fr. — V. *Domicile.*

LETTRES missives qui ne contiennent ni obligation, ni quittance, ni aucune autre convention donnant lieu au droit prop. D. f. 3 fr.

LETTRES DE VOITURE — *Il est dû un droit pour chaque personne à qui les envois sont faits.* D. f. 3 fr. (L. du 22 frim., an VII).

LICITATIONS de biens *immeubles* indivis (Parts et portions acquises par). D. p. 4 fr. par 100 fr. (L. du 22 frim., an VII).

LICITATIONS de bien *meubles* indivis (Parts et portions acquises par). D. p. 2 fr. par 100 fr. (d°).

LIQUIDATION. — V. *Jugements et partage.*

LIQUIDATION de reprises résultant d'actes enregistrés. D. f. 3 fr.

MAGASINS *généraux de marchandises.* — V. *Récépissé.*

MAINLEVEES totales d'hypothèques (LL. 28 fév. 1872, art. 1er, n° 7 et art. 2 ; 28 avril 1893, art. 19). D. p. à 0 fr. 20 p. 100 d'après le montant des sommes faisant l'objet de la mainlevée ; partielles ou s'il y a seulement réduction de l'inscription. Même droit avec maximum de 5 fr. (L. 28 avril 1893).

MAJORATS (Actes et consentements concernant les). D. f. 3 fr.

MANDATS (Procuration). D. f. 3 fr.

MANDATS DE PAYEMENT (Non négociables). D. p. 1 fr. par 100 fr. Négociables, 50 c. par 100 fr. comme les billets à ordre et lettres de change.

MARAIS desséchés (Délaissements de), par les propriétaires, pour se libérer de l'indemnité due aux entrepreneurs du desséchement. D. f. 3 fr.

MARCHÉS. — V. *Adjudication au rabais.*

MARCHÉS réputés actes de commerce. — V. *Actes de commerce.*

MARIAGE. — V. *(Contrat de).*

MARIAGE des indigents, *légitimation de leurs enfants et retrait de ces enfants déposés dans les hospices.* — Tous actes y relatifs. *Gratis.*

MONTS-DE-PIÉTÉ. — *Obligations, reconnaissances et tous actes concernant l'administraton de ces établissements. Exempts.* (L. 24 juin 1851).

MUTATIONS par décès. — Les droits établis par la loi de l'an VII ont été complètement modifiés par la loi promulguée le 25 février 1901. Nous donnons ci-après cette nouvelle loi *in-extenso*, avec court commentaire et un barème des nouveaux tarifs.
S'y reporter, pages 80 à 96.

NANTISSEMENT au profit des comptoirs et sous-comptoirs d'escompte (*tous actes ayant pour objet de constituer ces nantissements par voie de transport ou autrement. et d'établir les droits des sous-comptoirs comme créanciers*). D. f. 3 fr. (Voir Prêts sur Dépôts).

NOMINATIONS d'arbitres. — V. *Compromis.*

NOMINATIONS d'experts, hors jugement. D. f. 3 fr. (L. 28 février 1872)

NOTORIÉTÉ. — V. *(Acte de).*

OBLIGATIONS à la grosse aventure ou pour retour de voyage. D. p. 50 c. par 100 fr. (L. du 22 frim., an VII).

OBLIGATIONS de sommes. D. p. 1 p. 100 sur le capital reconnu. (L. d°)

OFFICES (transmissions d') à titre onéreux, ou par décès, et celles qui s'opèrent par suite de dispositions gratuites entre vifs ou à cause de mort, *lorsque les droits établis pour les donations de biens meubles ne produiraient pas 2 p. 100.* D. p. 2 fr. par 100 fr.
Décrets de nomination, en cas de création nouvelle de charges ou d'offices, ou de nomination de nouveaux titulaires sans présentation, par suite de destitution ou par tout autre motif, *si ces nouveaux titulaires sont soumis, comme condition de leur nomination, à payer une somme déterminée pour la valeur de l'office.* D. p. 2 fr. p. 100 exigible sur cette somme. (L. d°).

Dans aucun cas le droit de 2 pour 100 ne pourra être inférieur au dixième du cautionnement attaché à la fonction ou à l'emploi. (L. d°).

Indemnités fixées en cas de suppression d'office, et à défaut de traité, par le décret qui prononce l'extinction. Dr. pr. 2 fr. pour 100 fr. — Le droit sera perçu en enregistrant l'expédition du décret. (L. d°).

OFFICES (transmissions d') et décret de nomination, lorsque les droits soit à 2 p. 100, soit aux taux établis pour les donations, sont d'un produit inférieur au dixième du cautionnement. D. p. 10 fr. par 100 fr. *sur le cautionnement affecté à la fonction ou à l'emploi.* (L. du 25 juin 1841).

OFFICES (Décrets de nomination a des), en cas de création nouvelle ou de nomination de nouveaux titulaires sans présentation, par suite de destitution ou par tout autre motif, lorsque les nouveaux titulaires *ne sont pas soumis à payer une somme pour la valeur de l'office.* D. p. 20 fr. par 100 fr. *sur le cautionnement affecté à la fonction ou à l'emploi.* (L. du 25 juin 1841).

ORDONNANCES de Cour d'appel ou en matière de divorce. D. f. 7 fr. 50. (L. du 28 février 1872).

ORDONNANCES des juges des tribunaux civils et de commerce. D. f. 4 fr. 50. (L. d°).

ORDONNANCES des juges de paix. D. f. 1 fr. 50.

ORDRES en justice. D. p. 1 fr. par 100 fr. (C. Pr.).

ORDRES AMIABLES. D. p. 0 fr. 75 par 100 francs. (C. Pr.).

OUVERTURES de crédit, pures et simples. D. p. 50 cent. par 100 fr., sauf perception du droit complémentaire d'obligation en cas de réalisation constatée. (L. du 23 août 1871).

PARTAGES de biens meubles et immeubles entre copropriétaires à quelque titre que ce soit, pourvu qu'il en soit justifié, et sans soulte. D. p. 0 fr. 15 p. 100 d'après le montant de l'actif net partagé. — S'il y a retour ou soulte. — V. *Retours*. (L. du 23 février 1872 et 28 avril 1893).

PARTAGES JUDICIAIRES ou homologués. — V. *Adjudications judiciaires et Jugements*.

PENSIONS alimentaires. D. p. 20 cent. par 100 fr. (L. 16 juin 1824).

POLICES d'assurance. — V. *Assurance*.

PRESTATIONS de serment.
Gardes et agents salariés par l'État, les communes, départements et établissements publics. D. f. 4 fr. 50 ; préposés temporaires. D. f. 1 fr. 50 ; surnuméraires et agents auxiliaires par acte judiciaire. D. f. 1 fr. 50 ; surnuméraires et agents auxiliaires par acte administratif, *exempt* ; avoués, avocats, notaires, D. f. 22 fr. 50 ; greffiers de p... et commis-greffiers, D. f. 4 fr. 50 ; huissiers de justice de paix, D. f. 4 fr. 50 ; huissiers des cours et tribunaux, D. f. 22 fr. 50 ; expert en justice de... D. f. 1 fr. 50 ; expert devant le tribunal civil, D. f. 4 fr. 50 ; expert devant la cour d'appel, D. f. 7 fr. 50. (LL. 22 frim., an VII, 28 février 1872 et 28 février 1893).

PRÊTS sur dépôts ou consignations *au profit de commerçants*. D. f. 3 francs. (L. 8 septembre 1830 et 22 février 1872).

PRISÉES de meubles. D. f. 3 fr. (L. 22 frim., an VII).

PRISES de possession en vertu d'actes enregistrés. D. f. 3 fr. (L. d°).

PROCÈS-VERBAUX d'apposition, de reconnaissance et de levée de scellés. — *Il est dû un droit pour chaque vacation*. D. f. 3 fr. (L. 19 juillet 1845).

PROCÈS-VERBAUX pour contraventions aux lois sur la police du roulage dans les trois jours de leur date ou de leur affirmation. *Débet*.

PROCÈS-VERBAUX de délits et de contraventions aux règlements généraux de police ou d'impositions. D. f. 1 fr.

PROCÈS-VERBAUX des notaires. — V. *Actes innommés*.

PROCÈS-VERBAUX et rapports d'employés, gardes, commissaires, séquestres, experts et arpenteurs. D. f. 3 fr. (L. 28 avril 1816).

PROCÈS-VERBAUX de nomination de tuteurs et curateurs. D. f. 3 fr.

PROCÈS-VERBAUX de vente des effets de marins et passagers morts en mer qui ne sont pas réclamés, quand le produit de la vente n'excède pas 25 fr. et qu'elle a lieu d'office et non à la requête des particuliers. *Gratis*.

PROCURATIONS et pouvoirs pour agir, ne contenant aucune stipulation ni clause donnant lieu au droit prop. D. f. 3 fr. (L. du 28 avril 1816.)

PROCURATIONS des sous-officiers et soldats en retraite pour toucher leurs arrérages. *Exemptes*. (L. du 21 décembre 1808.)

PROCURATIONS des membres des sociétés de secours mutuels, même notariées, pour se faire représenter aux assemblées générales, *Exemptes*. (L. du 1er avril 1898.)

PRODUCTION (Actes de) mentionnés dans l'art. 751 du Code de procédure. D. f. 1 fr. 50. (L. 22 fr. an VII.)

PROMESSES de payer. D. p. 1 p. 100. (L. d°.)

PROROGATIONS de délai, lorsque le titre est enregistré. D. p 0 fr. 20

p. 100 d'après le montant de la créance dont le terme d'exigibilité est prorogé. (L. 28 avril 1893.)

PROTÊTS par les huissiers ou par les notaires. D. f. 1 fr. — V. *Dénonciation de protêt.* (L. d°.)

PRUD'HOMMES (Actes et jugement des). — V. *Exploits et jugements.*

QUITTANCES, remboursement et rachats de rentes et redevances de toute nature, et tous autres actes et écrits portant libération de sommes et valeurs mobilières. D. p. 50 c. p. 100 fr. (L. 22 frim. an VII.)

Le droit prop. est établi sur le total des sommes ou capitaux dont le débiteur se trouve libéré; ou d'après le capital constitué de la rente, quel que soit le prix stipulé pour l'amortissement. (L. d°)

QUITTANCES de répartition par les créanciers aux syndics ou au caissier de la *faillite*, quel que soit le nombre d'émargements sur chaque répartition. D. f. 3 fr. (L. 21 mai 1831).

RATIFICATIONS pures et simples d'actes en forme. D. f. 3 fr. (L. 22 fr. an VII.)

RÉCÉPISSÉS de marchandises déposées dans les magasins généraux établis en vertu du décret du 21 mars 1848 et de la loi du 28 mai 1858 (art. 13), D. f. 1 fr. 50.

RECONNAISSANCES de dépôts de sommes chez des particuliers. D. p. 1 p. 100. (L. 22 frim. an VII.)

RECONNAISSANCES d'enfants naturels. Par acte de célébration de mariage. D. f. 3 f. Autrement que par acte de mariage. D. f. 7 fr. 50.

RECONNAISSANCES pures et simples, ne contenant aucune obligation ni quittance. D. f. 3 fr. (L. 28 avril 1816).

RÉMÉRÉ. — V. *Retrait.*

RENONCIATIONS à successions. — V. *Abstentions.*

RENTES sur l'État. Les rentes sur l'État sont, comme tous les biens meubles, sujets aux droits de donation et de succession. — V. *ces mots.*

REPARTITIONS aux créanciers en matière de faillite ou de liquidation judiciaire. D. p. 0 fr. 25 p. 100 francs. (L. 26 janvier 1892.)

RESILIATION DE BAIL. Quand elle est *verbale* et qu'il en est fait la déclaration à l'enreg. ; *Exempte de droit.* — Consentie par acte notarié, dr. fixe 3 fr., à moins que le dr. pr. à 20 cent p. 100 sur le loyer ou fermage ne produise une somme inférieure.

RESILIEMENTS purs et simples par actes authentiques dans les 24 heures des actes résiliés. D. f. 3 fr. (L. 28 avril 1816.)

RESOLUTIONS par jugements de contrats de vente d'immeubles pour cause de *nullité radicale*. D. f. 7 fr. 50. (L. 22 frim. an VII.)

RESOLUTIONS par jugements de vente d'immeubles, *pour défaut de payement quelconque sur le prix de l'acquisition lorsque l'acquéreur n'est point entré en jouissance.* D. f. 7 fr. 50. (L. 27 vent. an IX.)

Lorsque l'acquéreur *est entré en jouissance.* D. p. 4 fr. p. 100 fr. — *Point de droit de transcription.* (D. 7 nov. 1823.)

RESOLUTIONS par actes à l'amiable de contrats de ventes d'immeubles D. p. 5 fr. 50 c. par 100 fr. (L. 28 avril 1816.)

RETOURS ou soultes de partage de biens, *meubles.* D. p. 2 fr. p. 100 f.

RETOURS de biens *immeubles.* D. p. 4 fr. par 100 fr. (L. 22 fr. an VII) On doit, dans tous les cas imputer les soultes de la manière la plus favorable aux parties; — de sorte qu'elle ne donnent lieu à aucun droit si on peut les imputer sur des rapports de dot, sur des rentes sur l'État, ou d'autres valeurs exemptes de droit; — en cas d'imputation sur des valeurs dont la cession est passible du droit de 50 c. p. 100, c'est ce droit qu'on perçoit; si elles s'imputent sur des créances, il y a lieu de percevoir le droit de 1 p. 100.

RETOURS d'échanges de biens *immeubles.* — V. *Echange.*

RÉTRACTATIONS et révocations. D. f. 3 fr. (L. 28 avril 1816.)

RETRAITS de réméré par acte public dans les délais stipulés, ou faits s. s. privé et présentés à l'enr. *avant* l'expiration des délais, et *avant* celui de cinq ans. D. p. 50 c. par 100 fr. (L. 22 frim. an VII.)

RETRAITS exercés *après* l'expiration des délais convenus par les contrats de vente sous faculté de réméré ou *après celui de cinq ans à compter du jour du contrat.* D. p. 5 fr. 50 c. par 100 fr. (L. d'.)

RÉTROCESSIONS de biens *meubles.* D. p. 2 fr. par 100 fr. — De biens *immeubles,* D. p. 5 fr. 50 c. par 100 fr.(L. d'.)

RÉUNIONS de l'usufruit à la propriété, lorsque la réunion n'est pas faite pour un prix supérieur à celui sur lequel le droit a été perçu lors de l'aliénation de la propriété. D. f. 4 fr. 50; si le prix est supérieur, D. p. 5 fr. 50 p. 100 sur l'excédent. (L. 28 avril 1816.)

RÉUNIONS D'USUFRUIT à la propriété par acte de cession, donation ou renonciation quand la nue propriété a été transmise par décès ou par acte de donation (*indépendamment du droit fixe de 4 fr. 50*) D. pr. de transcription 1 fr. 50 par 100 fr. (L. d'.)

ROLES d'équipages et engagements de matelots et gens de mer, de la marine marchande et des armements en course. *Exempts.* (L. 22 fr. an VII.)

SAISIES (Exploits). — *Il est dû le droit fixe de 2 fr. pour chaque partie d'un procès-verbal de saisie enregistrée dans les quatre jours de sa date, quel que soit le nombre d'heures ou de vacations employées.* (D. 21 juin 1808.)

SCELLÉS. — V. *Procès-verbaux.*

SENTENCES arbitrales homologuant une liquidation ou partage, D. p. 25 cent. p. 100, *minimum* 7 fr. 50; en matière commerciale, D. p. 1 fr. 25 p. 100, *minimum* 4 fr. 50; en matière civile, D. p. 2 p. 100, *minimum* 7 fr. 50 prononçant des dommages, D. p. 3 fr. p. 100, *minimum,* 4 fr. 50 ou 7 fr. 50 comme ci-dessus, (L. 25 janvier 1862.)

SIGNIFICATIONS. — V. *Exploits, Dénonciation de protêts et Protêts.*

SOCIÉTÉS. Actes de formation et de prorogation de société, ne portant ni obligation, ni libération, ni transmission de biens meubles ou immeubles entre les associés ou autres personnes. D. p. 0 fr. 20 p. 100 d'après le montant total des apports mobiliers et immobiliers, déduction faite du passif. (L.L. 23 fév. 1872 et 28 avr. 1893.)

SOCIÉTÉ DE CRÉDIT FONCIER. Lettres de gage de cette société. D. f. 15 c. (L. 28 fév. 1872.)

SOCIETES DE SECOURS MUTUELS. Actes intéressant ces sociétés. *Gratis.* (D. 26 mars 1852.)

L'exemption des droits ne s'applique pas aux transmissions de biens, même lorsqu'elles sont constatées par des actes

SOULTES. — V. *Retours.*

SOUMISSIONS et enchères. hors celles faites en justice, sur des objets mis ou à mettre en adjudication ou en vente, ou sur des marchés à passer lorsqu'elles sont faites par des actes séparés de l'adjudication. D. f. 3 fr. (L. 22 frim. an VII.)

SUBROGATIONS CONVENTIONELLES. D. p. 1. p. 100. (L. d'.)

SUBROGATIONS LÉGALES, D. p. 50 c. par 100 fr. (L. d'.)

SUCCESSION (droits de). — V. *Mutations par décès.*

TESTAMENTS. D. f. 7 fr. 50. (L.L. 28 avril 1816 et 28 février 1872.)

TESTAMENTS, lorsqu'ils contiennent un legs d'immeubles à charge de restitution (*indépendamment du droit fixe*). D. p. de transcription 1 fr. 50 c. par 100 fr. (L. 28 avril 1816.)

TITRES-NOUVELS et reconnaissances de rentes dont les contrats sont justifiés en forme. D. p. 0 fr. 20 p. 100 d'après le capital des rentes. (L. 28 avril 1843.)

TRAITES réputés actes de commerce. — V. *Actes de commerce.*

TRANSACTIONS, en quelque matière que ce soit, ne contenant aucune stipulation de somme et valeurs, ni dispositions soumises à un plus fort droit d'enregistrement. D f. 4 fr. 50. (L. 28 avr. 1816 et 28 févr. 1872.)

TRANSACTIONS en matière de douanes. D f. 3 fr. (D. 5 avril 1833.)

TRANSFERTS de rente sur l'Etat *devant notaires (Actes innommés)*(D. 18 août 1820) D. f. 3 fr.

TRANSPORTS. — V. *Cessions de créances, Nantissements.*

UNIONS et directions de créances (pures et simples. D. f. 4 fr. 50.

Si elles portent obligations de sommes déterminées, par les co-intéressés envers un ou plusieurs d'entre eux, ou autres personnes chargées d'agir pour l'union, il est perçu un droit particulier, comme pour obligation.

VENTES *de fonds de commerce ou de clientèles.* Dr. pr. 2 fr par 100 f. — Le droit est perçu sur le prix tant de l'achalandage que de la cession du droit au bail (c'est-à-dire sur le bénéfice particulier stipulé par le cédant en outre du loyer payable au propriétaire de l'immeuble) et des objets mobiliers ou autres servant à l'exploitation, à la seule exception des marchandises neuves garnissant le fonds. — Ces marchandises ne sont sujettes qu'au droit de 50 cent. par 100 fr., lorsqu'il est stipulé pour elles un prix particulier, et qu'elles sont désignées et estimées article par article dans le contrat, quand la vente est faite par un acte, ou dans la déclaration quand la vente est verbale. (L. 28 févr. 1872.

VENTES de marchandises *avariées*, par les commissaires de marine, et des *débris de navires naufragés.* Droit proportionnel de 0 fr. 20 p. 100 sur le montant de l'adjudication. (LL. 18 mai 1850 et 23 avril 1893.)

VENTES totales ou partielles de navires. D. f. 3 fr. (L. 29 janv. 1831.

VENTES de meubles et marchandises *(après faillite).* D. p. 50 cent par 100 fr. (L. 24 mai 1831.)

VENTES du mobilier du *failli*, aux enchères par le ministère des officiers ministériels. D. p. 50 c. p. 100 fr (L. d°).

VENTES publiques de marchandises et objets donnés en gage dans le cas prévu par l'art. 93 nouveau du Code de commerce. D. p. 10 cent. par 100 fr. (L. 23 mai 1863.)

VENTES publiques de marchandises neuves et en gros, à la Bourse et aux enchères par les courtiers de commerce dans les locaux spécialement déterminés à cet effet. D. p. 10 cent. par 100 fr. (L. 28 mai 1858.)

VENTES de marchandises aux enchères et en gros, après décès ou cessation de commerce ou dans tous autres cas de nécessité, autorisées spécialement par le tribunal de commerce, faites par des courtiers ou par tous autres officiers publics désignés par ce tribunal. D. p. 10 c. par 100 fr. Les règles édictées pour l'ouverture des magasins généraux par la loi du 21 août 1870, sont applicables à l'ouverture des salles de vente publiques de marchandises en gros. (L. 3 juillet 1861). D. 9 juin 1896.

VENTES de marchandises neuves autres que celles assujetties au droit de 50 c. par 100 fr. D. p. 2 fr. par 100 fr. (L. 22 frim., an VII.)

VENTES d'objets abandonnés en gage aux hôteliers. Actes et procès-verbaux non sujets au timbre. Taxe d'enregistrement de 7 p. 100, sans décimes, sur le produit brut de la vente. (L. 31 mars 1896.)

VENTES de biens *immeubles.* — V. *Adjudications.*

WARRANT ou bulletin de gage séparé du récépissé de marchandises déposées dans les magasins généraux. D. p. 50 c. par 100 fr. Les endossements des warrants sont exempts de l'enregistrement. (L. 28 mai 1858.)

WARRANTS agricoles. D. p. 0 fr. 50 par 100 fr. exigible seulement en cas de protêt. (L. 18 juillet 1898.)

AMENDES DIVERSES
en matière d'enregistrement (1

A

Abonnements (contravention aux dispositions du règlement relatif aux) contractés savoir ; par les sociétés et compagnies pour le timbre de leurs actions; par les départements, communes, établissements publics et compagnies, pour le timbre de leurs obligations négociables (L. 5 juin 1850.) 50 francs.

Accroissement. Défaut de paiement dans le délai de la taxe annuelle et obligatoire d'accroissement à la charge des congrégations, communautés et associations religieuses ou autres sociétés assimilées : un demi-droit en sus au minimum de 100 francs.

Abréviations. Actes notariés. (L. 3 ventôse art. 13, an xi, et L. 1824.) 20 francs.

Acquits. — V. *Quittances.*

Actes en conséquence. — V. *Expéditions.*

Actes judiciaires (jugements ou actes au greffe) ou administratifs non enregistrés dans le délai. (L. 22 frimaire an vii, art. 35 et 36.) Double droit.

Actes notariés non écrits dans un seul et même contexte. (LL. 25 ventôse an xi, art. 13, 16 juin 1824.) 20 francs.

Actes notariés, defaut d'enregistrement dans le délai des actes soumis au droit fixe ou lorsque le droit proportionnel ne s'élève pas à 10 francs. (L. 22 frim. an vii, art. 33.) 10 francs.

Actes notariés soumis à un droit proportionnel excédant 10 fr. (L. 22 frimaire an vii art. 33.) Double du droit proportionnel, au cas d'enregistrement hors délai.

Actes des huissiers et autres ayant pouvoir de faire des exploits et procès-verbaux. 5 fr. s'il s'agit d'un acte soumis au droit fixe, et droit en sus au minimum de 10 fr. s'il s'agit d'un acte soumis au droit proportionnel, en cas d'enregistrement hors delai. (LL. 22 frimaire, an vii, art. 34; 16 juin 1824, art. 10.)

N. B. — Les originaux de conclusions signifiés d'avoué à avoué et dispensés d'enregistrement par l'art 5 de la loi du 26 janvier 1872, doivent, d'après l'art. 18 de la même loi, être présentés par l'huissier instrumentaire au receveur de l'enregistrement dans les quatre jours de la signification, sous peine d'une amende de 10 francs pour chaque original non représenté.

Actes publics faits en vertu d'un acte sous seing privé ou passé en pays étranger; annexe, dépôt, délivrance de copie, extrait ou expédition dudit acte, s'il n'a pas été préalablement enregistré, (L. 22 frim. an vii, art. 42.) Amende 10 fr., sauf la faculté accordée par l'article 13 de la loi du 16 juin 1824 aux notaires de faire des actes en vertu et par suite d'actes sous seing privé non enregistrés et de les énoncer dans leurs actes, sous la condition que chacun de ces actes sous seing privé demeurera annexé à celui dans lequel il se trouve mentionné, qu'il sera soumis avant lui à la formalité de l'enregistrement et que les notaires seront personnellement

---

(1) En vertu de la loi du 6 prairial an vii, des dispositions de l'art. 14 de la loi du 2 juillet 1852, remises en vigueur par l'art. 1er de la loi du 23 août 1871 et de la loi du 31 décembre 1873, il est perçu sur toutes les amendes *deux décimes et demi.*

responsables, non seulement des droits d'enregistrement et de timbre, mais encore des amendes auxquelles les actes sous seing privé se trouveront assujettis.

Actes publics. Il est défendu de faire un acte public en vertu d'un autre acte public non enregistré, sous peine d'une amende de 10 fr. (L. 22 frim. an VII, art. 41.) Néanmoins, porte l'art. 56 de la loi du 28 avril 1816, à l'égard des actes que le même officier public aurait reçu et dont le délai d'enregistrement ne serait pas encore expiré, il pourra en énoncer la date, avec la mention que ledit acte sera présenté à l'enregistrement en même temps que celui qui contient ladite mention; mais, dans aucun cas, l'enregistrement du second acte ne pourra être requis avant celui du premier, sous les peines de droit.

Actes publics faits : sur papier libre, ou à la suite d'un autre acte sur la même feuille de papier timbré ayant servi à un autre acte même inachevé; — en conséquence d'actes ou effets de commerce, non écrits sur papier timbré du timbre prescrit ou non visé pour timbre. L. 13 brum. an VII, art. 25.) 20 fr.

Actes sous seing privé écrits sur la même feuille à la suite l'un de l'autre (L. 13 brum. an VII, art. 23 et 26.) 5 fr.

Actes sous seing privé sujets au timbre de dimension et faits sur papier non timbré. (L. 2 juill. 1862.) 50 fr.

Actes sous seing privé translatifs de propriété, d'usufruit ou de jouissance d'immeubles ou de droits immobiliers. (L. 22 frim. an VII. art. 33.) Double droit lorsqu'ils ne sont pas enregistrés dans le délai et au minimum 50 fr. Il est dû deux doubles droits, l'un par l'ancien possesseur ou bailleur, l'autre par le nouveau possesseur ou preneur. Toutefois, l'ancien possesseur ou bailleur peut s'affranchir de la pénalité en *déposant* l'acte dans un bureau d'enregistrement avant l'expiration du délai de quatre mois qui lui est accordé à cet effet.

Actions des sociétés, compagnies ou entreprises, émises sans timbre et non tirées d'un registre à souche. (L. 5 juin 1850.) 12 p. 100. V. *Sociétés.*

Additions dans le corps d'un acte notarié. (LL. 25 ventôse an XI, art.16; 16 juin 1824.) 10 fr.

Affiches (apposition d') imprimées sur papier non timbré, *contre l'imprimeur* si la contravention est de son fait. (L. 28 avr. 1816; 16 juin 1824; 18 juill. 1866, art. 4, et 28 décembre 1895, art. 10.) 50 fr.

Affiches (apposition d') non timbrées, *contre l'auteur de l'affiche* s'il s'agit d'affiches manuscrites ou d'affiches imprimées que l'imprimeur lui a remises avant le timbrage. Dans ce dernier cas l'imprimeur n'encourt plus aucune responsabilité ni solidarité avec l'auteur de l'affiche. (LL. 28 avr. 1816, art. 69, et 18 juill. 1866, art. 4, 28 déc. 1895, art. 10.) 20 fr.

— Sur papier blanc, *contre l'imprimeur.* (L. 29 juill. 1881.) Peine de simple police.

Affiches peintes, — Pour toute infraction aux art. 5, 6 et 7 de la loi du 26 déc. 1890 ou à l'art. 19 de la loi du 26 juil. 1893 et toute contravention aux dispositions du décret du 18 février 1891 non abrogées par cette dernière loi, 100 fr.

Pour les affiches apposées à partir du 1er janvier 1891, le paiement de la taxe et des amendes pourra être poursuivi solidairement contre l'entrepreneur d'affichage et ceux dans l'intérêt desquels les affiches auraient été apposées. (Loi 26 décembre 1890, art. 8 et 9; L. 26 juill. 1893, art. 19.)

Agent de change (concours d'un) ou d'un courtier à la cession ou au transfert de titres ou certificats d'actions non timbrés, d'obligations négociables non timbrées, des départements, communes, établissements publics et compagnies. (L. 5 juin 1850.) 10 p. 100.

— Concours d'un agent de change ou de tout autre officier public à la transmission de titres de rente, emprunts et autres effets publics des gou-

---

vernements étrangers avant que ces titres aient acquitté le droit de timbre. Même amende.

Pareille amende due par le propriétaire du titre. (L. 13 mai 1863.) 10 p. 100.

Altération, emploi, vente ou tentative de vente, dans une intention frauduleuse, de papiers timbrés ayant déjà servi. (L. 2 juill. 1862, art. 21.) Amende correctionnelle de 50 à 1000 francs.

En cas de récidive, amende doublée et peine d'emprisonnement.

Altération de l'empreinte du timbre. (LL. 13 brum. an vii et 16 juin 1824.) 5 francs.

Amendes progressives. Les amendes progressives prononcées dans certains cas contre les fonctionnaires publics et les officiers ministériels par les lois sur l'enregistrement, et celles relatives au dépôt des répertoires, sont réduites à une amende de 10 francs, quelle que soit la durée du retard. (L. 16 juin 1824, art. 40.)

Appel (amende d') non consignée avant le jugement, contre les avoués ou les greffiers qui ont délivré expédition avant la consignation, (Arrêté 10 flor. an xi, art. 8.) 50 francs.

Assurance (contrat d') (autres que les assurances maritimes, contre l'incendie et sur la vie) et toutes conventions postérieures contenant prolongation de l'assurance, augmentation dans la prime ou dans le capital assuré, rédigés sur un papier non timbré, *contre l'assureur*, sans aucun recours contre l'assuré. (L. du 5 juin 1850, art. 33.) 50 francs.

Pour défaut de visa pour timbre, dans les 5 jours de la date, des polices contenant une clause de tacite réconduction. (Même amende contre l'assureur.)

— Maritime, et toutes conventions postérieures contenant prolongation de l'assurance, augmentation dans la prime ou dans le capital, ou bien (en cas de police flottante) portant désignation d'une somme en risque ou d'une prime à payer, non rédigés sur papier timbré, *contre chacun des assureurs et assurés.* (Ibid., art. 42.) 50 francs.

Assurances contre l'incendie et sur la vie. — Défaut de payement de la taxe de timbre dans le délai légal : 100 à 5.000 francs. (L. 29 déc. 1884, art. 8.)

Assurances (Contrats d') contre l'incendie passés à l'étranger pour des immeubles situés en France ou pour des objets ou valeurs appartenant à des Français. A défaut d'enregistrement, avant toute publicité ou usage en France : un droit en sus au minimum de 50 francs.

— Contravention au règlement d'administration établi en vertu de l'art. 10 de la loi du 23 août 1871, relatif à la taxe d'enregistrement sur les contrats d'assurance. (Art. 10. L. 23 août 1871.) 50 francs.

— Défaut de déclaration d'existence par les compagnies d'assurances ou assureurs. (L. 5 juin 1850, art. 31 et 43.) 1.000 francs. V. *Sociétés.*

— Contrats d'assurance passés en pays étranger et ayant exclusivement pour objet des immeubles ou des valeurs situés à l'étranger, lorsqu'il en est fait usage en France, sans qu'ils aient été soumis au timbre. (L. 30 déc. 1876.) 50 francs.

B

Baux et locations verbaux. Défaut de déclaration par le bailleur, dans le délai fixé par l'art. 14 de la loi du 23 août 1871. Droit en sus minimum de 50 francs, (art. 14, même loi). V. *Insuffisance.*

Billets, obligations, délégations et tous mandats non négociables, quelle que soit d'ailleurs leur forme ou leur dénomination, servant à procurer une remise de fonds de place en place, soumis par l'art 4 de la loi du 19 février 1871 aux droits de timbre proportionnel établis pour les effets négociables ou de commerce. En cas de contravention à cette loi, le souscripteur, le bénéficiaire ou le porteur sont passibles chacun de l'amende de 6 p. 100, édictée par l'art. 4 dela loi du 5 juin 1850. Encaissement d'effets de cette nature, non timbrés ou visés pour timbre, même pour le compte d'autrui et sans acquit : 6 p. 100.

Billets à ordre ou au porteur, lettres de change, mandats, traites et tous autres effets négociables ou de commerce, sur papier non timbré ou non visé pour timbre. (L. 5 juin 1850, art. 4.) 6 p. 100 contre le souscripteur, l'accepteur, le bénéficiaire ou premier endosseur de l'effet, ou celui qui l'a encaissé, même pour autrui. V. *Effets négociables.*

Billets simples ou obligations non négociables, autres que ceux ci-dessus, sur papier frappé d'un timbre autre que celui voulu par la loi. (L. 24 mai 1834.) 6 p. 100 contre le souscripteur,

Il est dû en outre une amende de même quotité par le premier cessionnaire (*Ibid.*)

Billets à ordre, lettres de change, billets simples, etc., soumis au timbre proportionnel. Sont considérés comme non timbrés ceux qui sont revêtus de timbres mobiles non apposés ou annulés régulièrement ; sont considérés comme non timbrés jusqu'à due concurrence ceux qui sont revêtus de timbres mobiles régulièrement apposés et annulés, mais insuffisants.

Blanc dans un acte notarié. (L. 25 ventôse an xi, art. 13; L. 16 juin 1824.) 20 francs.

Bourse (Opérations de). Infractions autres que celles spécialement visées, aux dispositions de la loi de 28 avril 1893 portant création d'un impôt sur les opérations de Bourse, ou au règlement d'administration publique rendu pour l'exécution de cette loi. (L. dont il s'agit, art. 32.) 100 à 5.000 francs. — V. *Déclaration, Communication, Répertoire.)*

<h1 style="text-align:center">C</h1>

Calcul décimal. — V. *Poids et mesures.*

Chèques. Le tireur qui émet un chèque sans date, ou non daté en toutes lettres, s'il s'agit d'un chèque de place à place; celui qui revêt un chèque d'une fausse date ou d'une fausse énonciation du lieu où il est tiré, est passible d'une amende de 6 p. 100 de la somme pour laquelle le chèque est tiré, sans que cette amende puisse être inférieure à 100 francs. La même amende est due personnellement et sans recours par le premier endosseur ou le porteur d'un chèque sans date ou non daté en toutes lettres, s'il est tiré de place à place, ou portant une date postérieure à l'époque à laquelle il est endossé ou présenté. Cette amende est due, en outre, par celui qui paye ou reçoit en compensation un chèque sans date, ou irrégulièrement daté, ou présenté avant la date d'émission.

Celui qui émet un chèque sans provision préalable et disponible, est passible de la même amende, sans préjudice des peines correctionnnelles s'il y a lieu.

Celui qui paye un chèque sans exiger qu'il soit acquitté est passible personnellement et sans recours d'une amende de 50 fr.

Si le chèque tiré hors de France n'a pas été timbré conformément aux dispositions de la loi du 19 février 1874, le bénéficiaire, le premier endosseur, le porteur ou le tiré, sont tenus, sous peine de l'amende de 6 p. 100, de le faire timbrer aux droits fixés par l'art. 8 de ladite loi, avant tout usage en France.

Si le chèque tiré hors de France n'est pas souscrit conformément aux dispositions de l'article 1ᵉʳ de la loi du 14 juin 1865 et de l'art. 5 de la loi du 19 février 1874, il est assujetti aux droits du timbre des effets de commerce. Dans ce cas, le bénéficiaire, le premier endosseur, le porteur ou le tiré sont tenus de le faire timbrer avant tout usage en France, sous peine d'une amende de 6 p. 100. (L. 19 fév. 1874, art. 6, 7 et 9.)

Chèques sur place tels qu'ils sont définis par la loi du 14 juin 1865 créés en France et qui n'auraient pas été soumis au droit du timbre établi par l'art. 18 de la loi du 23 août 1871, 50 fr.

Chèques de place à place, souscrits en France, réguliers quant à la forme mais non timbrés conformément à l'art. 8 de la loi du 19 fév. 1874 : mêmes pénalités que pour les lettres de change, billets à ordre ou au porteur, mandats, traites et tous autres effets négociables ou de commerce.

Chiffres. — Ecritures en chiffres au lieu d'être en toutes lettres dans les actes notariés. (L. 25 ventôse, an XI, art. 13 ; L. 16 juin 1824.) 20 fr.

Clauses ou expressions féodales employées dans les actes. (LL. 25 ventôse an II et 16 juin 1824.) 20 fr.

Communes. — V. *Abonnement, Oblig. négociables.*

Communication d'actes donnée à d'autres qu'aux parties intéressées (L. de l'an XI, art. 23 ; 16 juin 1824.) 20 fr.

Communication (refus de) aux préposés de l'enregistrement, par les notaires, huissiers, greffiers, préfets, sous-préfets et maires, des actes dont ils sont dépositaires (les testaments et autres actes de libéralité à cause de mort exceptés du vivant des testateurs), et de leurs répertoires. (L. 22 frim. an VII, art. 52 et 54.) 10 fr.

— par les dépositaires des registres de l'état civil, des rôles des contributions, et tous autres chargés des archives et dépôts de titres publics. (L. 22 frim. an VII, art. 54.) 10 fr.

— par les dépositaires des registres à souche d'où sont tirés les titres et certificats d'actions des sociétés et d'obligations négociables des départements, communes, compagnies, etc. (L. 5 juin 1850, art. 28.) 10 fr.

Communication des registres à souche des compagnies de chemins de fer pour les récépissés destinés aux expéditeurs qui ne demandent pas de lettre de voiture. (L. 13 mai 1863.) 10 fr.

— Des registres des magasins généraux de marchandises. (L. 28 mai 1858, art. 13.) 10 fr.

Communication (refus de) aux agents de l'enregistrement du répertoire dont la tenue est prescrite par l'art. 30 de la loi du 23 avril 1883 à quiconque fait commerce habituel de recueillir des offres et des demandes de valeurs de Bourse. (Art. 30. L. 28 avril 1893.) 100 à 1,000 fr.

— aux agents de l'enregistrement, par les mêmes personnes, de leurs écritures dans le cas prévu par l'art. 30 de la loi du 28 avril 1893. (Même disposition.) 100 à 1,000 fr.

Communication (refus de) aux agents de l'enregistrement des livres, registres, titres, pièces de recette, de dépense et de comptabilité des sociétés, compagnies, assureurs, entrepreneurs de transports et tous autres assujettis aux vérifications desdits agents. (L. du 23 août 1871, art. 22.) de 100 à 1,000 fr. Cette disposition est complétée en ces termes par l'art. 7 de la loi du 21 juin 1875 : « Les sociétés, compagnies d'assurances, assureurs contre l'incendie ou sur la vie, et tous autres assujettis aux vérifications de l'administration, sont tenus de communiquer aux agents de l'enregistrement, tant au siège social que dans les succursales et agences, les polices et autres documents énumérés dans l'art. 22 de la loi du 23 août 1871, afin que ces agents s'assurent de l'exécution des lois sur l'enregistrement et le timbre. Tout refus de communication sera constaté par un procès-verbal et puni de l'amende spécifiée par l'art. 22 de la loi du 23 août 1871. »

Compagnies. — V. *Abonnement, Oblig. négociables.*

Connaissements. Contravention au règlement d'administration publique déterminant la forme et les conditions d'emploi des timbres mobiles créés pour les connaissements. (L. 30 mars 1872, art. 7 et 25 mai 1872, art. 4.) 50 fr.

Connaissements créés en France et non timbrés. (L. 30 mars 1872, art. 6.) Amende de 50 fr. contre le chargeur ; amende égale exigée tant du capitaine que de l'armateur ou de l'expéditeur du navire.

Connaissements. Défaut de mention sur le connaissement existant entre les mains du capitaine, du nombre des originaux rédigés conform. à l'art. 1325, C. civ. Droit triple. (L. 30 mars 1872, art. 5.)

Connaissements. Défaut, par les capitaines de navires français ou étrangers, d'exhiber aux agents des douanes, soit à l'entrée, soit à la sortie, les connaissements dont ils doivent être porteurs. Amende de 100 à 600 fr. (L. 30 mars 1872. art. 6.)

Conservateurs des hypothèques. — Les conservateurs sont tenus de se conformer, dans l'exercice de leurs fonctions à toutes les dispositions des art. 2196 à 2201 C. civ. (publicité et tenue des registres hyp.), à peine d'une amende de 200 à 1000 fr. et de destitution en cas de seconde contravention, sans préjudice des dommages et intérêts des parties, lesquels seront payés avant l'amende. (C. civ., 2202).

Les mentions de dépôt, les inscriptions et transcriptions sont faites sur les registres, de suite, sans aucun blanc ni interligne, à peine, contre le conservateur, de 1000 à 2000 fr. d'amende et des dommages et intérêts des parties; payables aussi par préférence à l'amende. (C. civil, 2203.)

Contrat de mariage. Défaut de mention de la lecture aux parties, par le notaire, des art. 1391 et 1394 (derniers alinéas), C. civ., relatifs à la publicité des contrats de mariage. (C. civ., 1391.) 10 fr.

Contrat de mariage. Défaut de dépôt du contrat de mariage d'un commerçant. (C. comm., 68, L. 16 juin 1821.) 20 fr.

Contre-lettre sous signature privée ayant pour objet une augmentation du prix exprimé dans un acte public ou sous seing privé précédemment enregistré, lorsque l'existence de cette contre-lettre est constatée. (L. 22 frim. an VII. art. 40.) Triple droit. — V. *infrà*, *Dissimulation*.

Copies des exploits, celles des significations d'avoué à avoué et des significations de tous jugements, actes ou pièces, ne peuvent contenir savoir : sur le petit papier (feuilles et demi-feuilles) plus de trente lignes à la page et de trente syllabes à la ligne ; sur le moyen papier, plus de trente-cinq lignes à la page et plus de trente-cinq syllabes à la ligne ; sur le grand papier, plus de quarante lignes à la page et de quarante syllabes à la ligne ; sur le grand registre, plus de quarante-cinq lignes à la page et quarante-cinq syllabes à la ligne. Amende 25 fr. (L. 2 juill. 1862. art. 20. Règlement, 30 juill. 1862.) Le papier servant aux actes d'avoué à avoué (originaux et copies) doit être de la même qualité et des mêmes dimensions que le papier à 1 fr. 20 la feuille ou 0 fr. 60 la demi-feuille (Décr. 23 juin 1892, art. 2). En cas de contravention à cette disposition, l'acte n'est pas admis en taxe (Même décret, art. 2). On sait que les actes d'avoué à avoué sont affranchis du timbre. — V. *suprà*, *Exception*.

Copie des exploits et des pièces signifiées, Contravention aux art. 2 et 3 de la loi du 29 déc. 1873 et au règlement du 30 déc. 1873 sur le timbre des copies d'exploits et de pièces signifiées. (L. 29 déc. 1873.) 50 fr.

Cote et parafé par un juge ou un officier public d'un registre assujetti au timbre, si les feuilles n'en sont pas timbrées. (L. 13 brum. an VII, et 16 juin 1824.) 20 fr.

Courtiers (livre des) tenu conformément à l'art. 81 du C. comm., lorsqu'il n'est pas en papier timbré. (L. 5 juin 1850, art. 47.) 50 fr.

Coût des exploits non indiqué à la fin. (67, C. pr.) 5 fr.

D

Date non écrite en toutes lettres. (L. an XI, art. 13; L. 1821.) 20 fr. contre les notaires.

Débit de timbre sans commission. (L. 13 brum. an VII, art. 27.) 20 fr.

Décharges. — V. *Quittances*

Déclaration de succession. — V. *Insuffisance.*

Déclaration ou enregistrement (défaut de) dans les délais fixés par les lois du 22 frimaire an VII, 27 ventôse an IX et 23 août 1871. (Art. 14, loi 23 août 1871.) V. *Actes sous seings privés translatifs de propriété, d'usufruit ou de jouissance d'immeubles, Baux et locations verbaux et Mutations.*

Déclaration (défaut de) par les notaires, avoués, greffiers, huissiers et autres officiers publics, que les effets, certificats d'actions, titres, livres, bordereaux, polices d'assurances ou tous autres actes sujets au timbre et non enregistrés, mentionnés dans les actes publics, judiciaires ou extra-judiciaires, et ne devant pas être représentés au receveur lors de l'enregistrement de ces actes, sont ou ne sont pas timbrés (même loi, art. 49) ; 10 fr. Il est prescrit d'énoncer le montant du droit de timbre payé. V. *infrà,* *Négociation.*

Déclaration de succession après délai. (L. 26 frim. an VII.) Demi-droit en sus.

Déclaration (défaut de) d'ouverture d'établissement, préalablement à toute opération, par quiconque veut se livrer au commerce habituel de recueillir des offres et demandes de valeurs de Bourse. (Art. 29 et 32. L. 28 avril 1893.(100 à 5,000 fr.

Déclaration préalable à une vente publique de meubles aux enchères (défaut de). L. 22 pluv. an VII). 20 fr.

Départements. — V. *Abonnements. Oblig. négociables.*

Dépôt (acte reçu en) par un notaire ou un greffier sans qu'il en ait été dressé acte, sauf pour les testaments déposés par les testateurs chez les notaires. (L. 22 frim. an VII, art. 43.) 10 fr.

Dépôt de répertoire. — V. *Répertoire.*

Dissimulation dans le prix d'une vente (ou dans la soulte d'un échange ou d'un partage) d'immeubles ou de fonds de commerce. (Art. 12 de la loi du 23 août 1871 et 8 de la loi du 28 fév. 1872.) Amende du quart de la somme dissimulée, due solidairement par les parties, sauf à la répartir entre elles par égale part.

Dissimulation de sommes ou valeurs ayant servi de base à la perception du droit proportionnel substitué par l'art. 19 de la loi du 23 avril 1893 au droit fixe gradué établi par l'art. 1er de la loi du 23 février 1892. (Art. 21. L. 23 avril 1893.) Droit en sus au minimum de 50 fr.

Donation d'immeubles. — V. *Insuffisance d'évaluation.*

E

Écritures privées faites sur papier non timbré sans contravention aux lois sur le timbre, quoique non dispensées nommément du droit, et produites en justice sans avoir été soumises au timbre extraordinaire ou au visa pour timbre. (L. 13 brum. an VII, art. 30 ; 16 juin 1824, art. 10.) 5 fr.

Effets négociables venant, soit de l'étranger, soit des colonies dans lesquelles le timbre n'est pas établi, et payables en France, acceptés, négociés ou acquittés en France, sans avoir été timbrés ou soumis au visa pour timbre. (L. 5 juin 1850, art. 4.) 6 p. 100.

L'accepteur en France, le premier endosseur résidant en France, et à défaut d'endossement en France, le porteur, s'il a encaissé ou fait encaisser l'effet avant le paiement du droit de timbre, sont passibles chacun de la même amende. (*Id.*)

Les effets revêtus de timbres mobiles insuffisants sont considérés comme non timbrés jusqu'à due concurrence. Les effets revêtus de timbres mobiles apposés sans l'accomplissement des conditions prescrites sont considérés comme non timbrés.

Emissions ou souscriptions de titres de rentes ou effets publics des gouvernemeuts étrangers, annoncées, publiées ou effectuées en France sans qu'il ait été fait 10 jours à l'avance au bureau d'enregistrement de la résidence, la déclaration prescrite par l'art. 2 de la loi du 25 mai 1872, ou remise de ces titres ou des certificats provisoires aux souscripteurs ou preneurs sans paiement du droit de timbre 5 p. 100 de la valeur nominale des titres — minimum 50 fr.

L'amende est due personnellement et sans recours par celui qui a fait des annonces sans déclaration préalable, qui a émis ou qui a servi d'intermédiaire pour l'émission ou la souscription de titres non timbrés. La même amende est exigible à raison d'émission ou de souscription faite sans déclaration préalable. Le souscripteur ou le preneur de titres non timbrés est tenu solidairement de l'amende, sauf son recours contre celui qui a ouvert la souscription ou émis les titres. (Même loi).

Les mêmes dispositions sont applicables aux titres d'actions ou d'obligations émis par les sociétés étrangères, et aux titres émis par les villes, provinces et corporations étrangères, ou par tout autre établissement public étranger. (L. 23 décembre 1895, art. 4).

Emissions, négociations, exposition en vente, en France, d'actions, titres d'emprunts des sociétés, compagnies, entreprises, corporations, villes, provinces étrangères ou de tout autre établissement public étranger, par ces sociétés, compagnies, etc., avant d'avoir fait agréer par le ministre un représentant français responsable des droits et amendes : 100 à 5,000 fr. (L. 29 juin 1872).

Enonciation d'actes. — V. *Expéditions.*

Enonciation dans les actes de titres étrangers. — V. *Infrà, Négociation.*

Enregistrement hors délai. — V. *Actes notariés.*

Enregistrement, par les receveurs, d'actes sur papier non timbré ou de protêts d'effets négociables non représentés en bonne forme. (L. 13 brum., an VII). 10 fr.

Etablissements publics. — V. *Abonnements, Oblig. négociables.*

Etats de frais dressés par les avoués, huissiers, greffiers, notaires commis, ne faisant pas ressortir distinctement, dans une colonne spéciale et pour chaque débours, le montant des droits de toute nature payés au Trésor : 10 fr. pour chaque contravention. (L. 26 janv. 1892, art. 21).

Expédition. — L'art. 41 de la loi du 22 frim. an VII interdit la délivrance des expéditions, copies ou brevets avant l'enregistrement des actes ou jugements sous peine d'une amende de 10 fr. Sont exceptées les copies d'exploits.

Expédition notariée contenant plus de vingt-cinq lignes à la page de papier à 1 fr. 80. (LL. 13 brum. an VII, et 16 juin 1824). 5 fr.

Expédition délivrée à d'autres qu'aux parties intéressées. (L. an XI, art. 23; L. 1824). 20 fr.

Expédition sur papier d'un timbre inférieur à 1 fr. 50 c. (1 fr. 80, décime compris. L. 13 brum. an VII). 10 fr.

Exploits ou procès-verbaux sujets au droit fixe, non enregistrés dans le délai. (L. 22 frim. an VII, art 34), 5 fr. plus une somme équivalente au montant du droit de l'acte à enregistrer. Défaut de mention du coût d'un exploit à la fin de l'original ou de la copie, 5 fr.; original de conclusions non présenté au receveur par l'huissier instrumentaire dans les quatre jours de la signification : 10 fr. (L. 26 janv. 1892, art. 18).

Expressions féodales. — V. *Clauses féodales.*

Extraits de jugements et actes (défaut de remise au receveur des) dont les droits n'ont pas été consignés aux mains des greffiers, secrétaires généraux de préfectures, préfets et maires, ou représentants d'établissements publics. (LL. 22 frim an VII, art. 27; 15 mai 1818, art. 70). — Défaut de remise au receveur des extraits de jugements prononçant condamnation dans les causes suivies à la requête des personnes admises à l'assistance judiciaire. 10 fr.

F

Factures. — V. *Quittances.*

Feuilles d'audiences et registres des greffes, contenant un nombre de lignes et syllabes supérieur à celui fixé par décret du 8 décembre 1862, art. 4. — 5 fr.

.**Fonds de commerce.** — V. *Vente de fonds de commerce.*

H

Huissier qui perçoit abusivement plusieurs indemnités pour frais de voyage ou droits de transport dans le cas de signification de plusieurs actes faits dans une même course et dans un même lieu. (Décr. 14 juin 1813, art. 35), de 20 à 100 fr. — V. *Copie des exploits.*

I

Impôt sur le revenu des valeurs mobilières. (Contraventions aux dispositions des lois des 29 juin 1872, 21 juin 1875, 28 déc. 1880 et 29 déc. 1884. et aux règlements d'administration publique des 6 déc. 1872 et 15 déc. 1875, en matière d'). La contravention est punie conformément à l'article 10 de la loi du 28 juin 1857, c'est-à-dire d'une amende de 100 fr. à 5,000 fr. ou d'un droit en sus s'il s'agit d'une omission ou d'une insuffisance.

Insuffisance de prix de vente de fonds de commerce ou de clientèles constatée par expertise, si l'insuffisance excède un huitième. (L. fév. 1872, art. 8). Droit en sus.

— de prix dans un acte translatif de propriété ou d'usufruit d'immeuble à titre onéreux, lorsque l'insuffisance excède un huitième du prix énoncé au contrat. (L. du 22 frim. an VII, art. 17 et 18; L. du 27 vent. an IX, art. 5). Droit en sus.

— d'évaluation dans une donation d'immeubles. (L. du 23 vent. an IX, art. 5). — Dans les déclarations relatives aux locations verbales d'immeubles à faire conformément à l'art. 11 de la loi du 23 août 1871. Double droit.

— de prix dans un acte translatif de propriété ou d'usufruit d'immeubles à titre onéreux, lorsque l'insuffisance excède un huitième du prix énoncé au contrat (L. 22 frim. an VII, art. 17 et 18; L. 27 vent. an IX, art. 5). Droit en sus.

— d'évaluation, simulation de prix, dans les cas prévus par la loi du 25 juin 1841, en matière de transmissions *d'offices.* Double droit.

— dans l'estimation de la valeur de la propriété et de l'usufruit de biens meubles corporels, fonds de commerce, etc., pour la liquidation et le payement du droit de mutation par décès d'après les prescriptions de l'art. 3 de la loi du 21 juin 1875. — L'insuffisance dans l'estimation des biens déclarés, est punie d'un droit en sus, si elle résulte d'un acte antérieur à la déclaration. Si au contraire l'acte est postérieur à cette déclaration, il n'est perçu qu'un droit simple sur la différence existant entre l'estimation des parties et l'évaluation contenue aux actes. (L. 21 juin 1875. art. 3 et L. du 25 février 1901, art. 11).

Insuffisance (dans les cas autres que ceux qui viennent d'être indiqués) *ou omission* dans la déclaration de succession, L. 22 frim. an VII, art. 39). Double droit.

— ou omission dans la déclaration souscrite pour l'assiette de la taxe d'accroissement. (V. *Enregistrement, Tarif, Accroissement).* Un droit en sus. (Art. 5, L. 16 avril 1895).

Interligne. — Acte de notaire. (L. an XI, art. 16, L. 1821). 10 fr.

Intervalle. — *id.* (L. an XI, art. 13; L. 1821). 20 fr.

J

Jugements. — V. *Extraits de jugements.*

L

Lacune. — Acte de notaire. (L. an XI, art. 13 ; L. 1821). 20 fr.

Lecture (défaut de mention de la) aux parties (*id.* art. 13; L. 1821). 20 fr. — V. *Contrat de mariage.*

Lettre de voiture non timbrée. (L. 2 juill. 1802, art. 22).

Lettres de voiture internationales créées par les compagnies de chemins de fer en exécution de l'article 1er de la loi du 27 décembre 1892 : chaque contravention à l'article de cette loi, 50 fr.

M

Marchandises neuves. — V. *Vente de marchandises neuves..*

Mémoires. — V. *Pétitions, Quittances.*

Mention d'actes et écrits dans un acte de notaire, d'avoué, de greffier ou d'huissier, ou de tout autre officier public, sans indication des droits de timbre payés, lorsque ces actes et écrits ne sont pas enregistrés et ne doivent pas être représentés lors de l'enregistrement de l'acte qui les relate. (L. 5 juin 1850, art. 49). 10 fr.

Mention (défaut de) dans les actes de vente, d'échange ou de partage d'immeubles ou de fonds de commerce de la lecture des dispositions de l'art. 12 et de l'art. 13 de la loi du 23 août 1871. 10 fr.;

Mots rayés (dans les actes notariés), dont le nombre ne serait pas constaté. (L. vent. an XI, et art. 16, L. 1821). 10 fr.

Mutations entre-vifs de propriété ou d'usufruit d'immeubles sans conventions écrites, non déclarées dans le délai. Deux droits en sus au minimum de 50 fr. : l'un contre l'ancien possesseur, l'autre contre le nouveau.

Mutations verbales ou écrites, à titre onéreux, de fonds de commerce (Mêmes pénalités).

N

Négociation. — Nul ne peut négocier, exposer en vente ou énoncer dans un acte ou écrit, soit public, soit sous seing privé autre qu'un inventaire, lorsqu'ils n'ont pas été préalablement timbrés au droit fixé par l'article 3 de la loi du 26 décembre 1895 (*supra*) : 1° des titres de rentes, emprunts et autres effets publics des gouvernements étrangers ; 2° des titres d'actions ou d'obligations émis par des sociétés, compagnies ou entreprises étrangeres, villes, provinces ou corporations étrangères, qui n'acquitteraient pas l'impôt du timbre par abonnement. — Tout acte ou écrit, soit public, soit sous seing privé (autre qu'un inventaire) qui énonce l'un des titres ci-dessus, doit indiquer le lieu, la date et le numéro du visa pour timbre, ainsi que le montant du droit de timbre payé, ou, si la formalité a été donnée au moyen, soit du timbre extraordinaire, soit d'un timbre mobile, les mentions contenues dans l'empreinte du timbre apposé. — Chaque contravention à ces dispositions est punie d'une amende de 5 p. 100, en principal, de la valeur nominale des titres négociés, exposés en vente ou énoncés dans les actes. En aucun cas, l'amende ne peut être inférieure à 100 francs, en principal. Toutes les parties sont solidaires pour le recouvrement des droits et amendes. Tout officier public ou ministériel qui contrevient aux dispositions ci-dessus demeure réponsable des droits de timbre et est, en outre, passible personnellement d'une amende de 100 francs en principal. (L. 30 mars 1872, art. 2, modifiée par l'art. 5 de la loi du 23 décembre 1895).

Notaire. — Nom du notaire non indiqué dans les actes. (L. an xi, art. 10 ; L. 1824). 20 fr.

Notices de décès (retard dans la remise des par les maires). 10 fr.

O

Obligations négociables des départements, communes, compagnies, établissements publics, non timbrées ou non tirées d'un registre à souche. (L. 5 juin 1850, art. 29). 10 p. 100. V. *Abonnements.*

Office. — V. *insuffisance.*

Omission, dans les actes notariés, des noms, prénoms, qualités et demeures des parties. (L. an xi, art. 13 ; L. 1824). 20 fr.

Omission, dans les déclarations de successions. — V. *Insuffisance.*

P

Papiers timbrés ayant déjà servi. — V. *Altération.*

Pétitions, mémoires, même en forme de lettres, présentés au Gouvernement, aux ministres, à toutes autorités constituées et aux administrations et établissements publics, qui seraient rédigés sur papier non timbré, 50 fr. (L. 13 brumaire an viii, art. 12. — Av. du ministre des finances du 14 sept. 1871 et circul. min. 14 avril 1872).

Poids et mesures. — Infractions aux lois sur le système décimal. (L. 4 juill. 1837, art. 5), 20 fr. pour les actes publics, et 10 fr. pour les actes privés ou les registres ou écritures de même nature produits en justice.

L'amende est également de 10 fr. pour les affiches et annonces, mais elle est exigible, de même que pour les actes publics, sans qu'il y ait production en justice.

Prix de vente. — V. *Dissimulation.*

Procuration des contractants non annexée à un acte notarié. (L. an xi, art. 13 ; L. 1824). 20 fr.

Production par le demandeur, au cours d'une instance, d'un titre émané du défendeur, non enregistré avant la demande et non énoncé ou énoncé comme verbal dans cette demande. Double droit.

Protêts d'effets négociables ou de commerce non écrits sur papier du timbre prescrit ou non visés pour timbre. (L. 24 mai 1834, art. 23). 20 fr

Q

Qualifications supprimées (emploi dans les actes notariés de) (L. an xi art. 17 ; L. 1824), 20 fr.

Quittance des droits d'enregistrement (défaut de mention de la), par une transcription littérale de cette quittance : 1° dans les expéditions ; 2° dans les minutes des actes publics faits en vertu d'actes sous seing privé ou passés en pays étranger assujettis à l'enregistrement, sauf, pour les notaires, le cas d'annexe prévu par l'art. 13. L. 16 juin 1824 (L. frim. an VII, art. 44). 5 fr.

Défaut, par le receveur, d'indication sommaire, dans sa quittance, de chaque droit perçu (même loi), 5 fr.

Quittances ou acquits donnés au pied des factures et mémoires ; quittances pures et simples, reçus ou décharges de sommes, titres, valeurs ou objets, et généralement tous les titres de quelque nature qu'ils soient, signés ou non signés, qui emporteraient libération, reçu ou décharge, et n'auraient pas été soumis au droit du timbre, conformément aux dispositions de l'art. 18 de la loi du 23 août 1871. *Mais cette disposition ne s'applique pas au simple accusé de réception de marchandises ou objets livrés par un fournisseur.* Cass., 7 mars 1887. Elle ne s'applique pas non plus aux reconnaissances et reçus constatant la remise d'effets de commerce à négocier, à accepter ou à encaisser. (L. 30 mars 1872, art. 4). Art. 23 de la loi du 23 août 1871 : 50 fr. à la charge personnelle du créancier. Voir *Suprà : Tarif, Timbres mobiles.*

— Contravention au décret du 27 nov. 1871 déterminant la forme et les conditions d'emploi des timbres mobiles pour quittances et reçus. (L. 23 août 1871, art. 24.) 20 fr.

<h1 style="text-align:center">R</h1>

Rature de mots non approuvée. — V. *Mots rayés.*

Récépissés des Compagnies de chemins de fer : contravention à l'art. 2 de la loi du 30 mars 1872, en ce qui concerne le groupage, 50 fr. En cas de récidive dans le délai d'un an, 100 fr.

Répertoires. — Chaque omission ou inscription tardive sur les répertoires. (L. 22 frim. an VII, art. 49.) 5 fr.

Répertoire. — Défaut de dépôt au greffe par les notaires, commissaires-priseurs et courtiers du double de leur répertoire de chaque année. (LL. 6 oct. 1791 ; 16 flor. an IV ; 16 juin 1824.) 10 fr.

Répertoires. — Retard dans la présentation au visa trimestriel. (LL. 22 frim. an VII, art. 51.) 10 fr.

Répertoires des huissiers pour l'inscription des significations d'avoué à avoué. — Omission ou inscription tardive. — Défaut d'indication sur le répertoire du numéro de l'article, de la date de l'acte, de sa nature, des noms et prénoms des parties. — Défaut de présentation au visa les 1ᵉʳ, 6, 11, 16, 21 ou 26 de chaque mois ou le lendemain du jour fixé, si ce dernier est férié ou un dimanche : 10 fr. (L. du 26 janv. 1892, art. 19 et 20).

Répertoires des greffiers pour l'inscription des actes dispensés d'enregistrement en matière de faillite. — Mêmes obligations et mêmes sanctions qu'en ce qui touche le répertoire des significations d'avoué à avoué dont la tenue est prescrite aux huissiers. (L. 26 janv. 1892, art. 19 et 20). Toutefois, les greffiers ne sont tenus de présenter ce répertoire au visa que le 1ᵉʳ ou le 16 de chaque mois ou le lendemain, si le 1ᵉʳ ou le 16 est un dimanche ou un jour férié. (Mêmes dispositions.)

Répertoire. — Inexactitude ou omission au répertoire dont la tenue est prescrite par l'art. 30 de la loi du 23 avril 1893 à quiconque fait commerce habituel de recueillir des offres et des demandes de valeurs de Bourse. (L. 23 avril 1893, art. 32). Amende égale au vingtième des valeurs sur lesquelles a porté l'inexactitude ou l'omission et, au minimum, 3,000 francs.

Répertoires et registres prescrits, en matière d'assurances, par les art. 35, 41 et 47. (L. 5 juin 1850). — Pour chaque contravention à ces dispositions et à l'art. 7 de la Loi du 23 août 1871 : 10 fr. Pour chaque contravention au décret du 25 nov. 1871 : 50 fr.

Résidence du notaire non indiquée dans l'acte. (An xi, art. 12, et L. 1824). 20 francs.

S

Sociétés. — Défaut de déclaration d'existence par les sociétés d'assurances et assureurs, conform. à l'art. 31 et à l'art. 43 de la loi du 5 juin 1850, 1,000 fr.

Sociétés. — Contraventions aux dispositions de la loi du 23 juin 1857, et du décret réglementaire du 17 juillet 1857, relatifs au droit de transmission sur les cessions de titres ou promesses d'actions et d'obligations dans une société, compagnie ou entreprise quelconque, financière, industrielle, commerciale ou civile, sans préjudice des peines portées par l'art. 39 de la loi du 22 frim. an vii pour omission ou insuffisance de déclaration, 100 francs à 5,000 francs. (L. 23 juin 1857, art. 9).

Sommes non indiquées en toutes lettres dans un acte notarié. (L. an xi, art. 13 ; L. 1824). 20 fr.

Soulte d'échange. — V. *Dissimulation.*

Surcharge dans un acte notarié. (L. an xi et L. 1824). 10 fr.

T

Testaments reçus ou déposés chez un notaire et non enregistrés dans le délai (L. 22 frim. an vii, art. 38). Double droit.

Titres étrangers d'actions ou d'obligations, titres de rentes, emprunts et tous autres effets publics des gouvernements étrangers émis ou souscrits en France et délivrés sans que le droit de timbre ait été acquitté. (Art. 3 de la loi du 23 mai 1872), 5 pour 100 et, au minimum, 50 fr. — V. *Emissions.*

Titres étrangers, négociés exposés en vente ou énoncés dans tout acte ou écrit à l'exception des inventaires. (L. du 30 mars 1872, art. 2), 5 p. 100. — V. *Négociation.*

Transferts de titres. — V. *Agent de change.*

V

Vente de fonds de commerce. — Défaut d'enregistrement (ou de dépôt par le vendeur), dans le délai légal, d'actes sous seings privés constatant une mutation à titre onéreux de fonds de commerce ou de clientèle. Défaut de déclaration dans le même délai de pareille mutation s'il n'existe pas d'acte. Deux droits en sus au minimum de 50 fr. (LL. 23 août 1871, art. 11, 23 fév. 1872, art. 8).

Vente de marchandises neuves. — Contravention aux dispositions de la loi du 25 juin 1841 sur les ventes aux enchères de marchandises neuves, à prononcer solidairement contre le vendeur et l'officier public l'ayant assisté, par les tribunaux correctionnels (L. 25 juin 1841, art. 7), 50 francs à 3,000 francs.

Vente mobilière aux enchères publiques : pour chaque article adjugé et non porté au procès-verbal. Pour chaque altération du prix des articles adjugés faite dans le procès-verbal. (Ord. du 1ᵉʳ mai 1816. L. 22 pluv. an vii, art. 7 ; 16 juin 1824, art. 10), 20 fr.

— Sans ministère d'officier public. (L. 22 pluv. an vii, art. 7), 50 francs à 1,000 francs.

— Chaque article non écrit en toutes lettres dans le procès-verbal de vente. (L. 22 pluv. an vii, art. 7), 5 fr.

— Défaut de déclaration préalable. (L. 22 pluv. an vii), 20 fr.

— Défaut de transcription en tête du procès-verbal de la déclaration préalable. (L. 22 pluv. an vii ; L. 1824), 5 fr.

NOUVEAU RÉGIME FISCAL DES SUCCESSIONS

(Loi promulguée le 26 Février 1901)

La loi de l'an VII, en admettant la non distraction du passif et des charges, dans l'évaluation des droits dus au fisc lors des déclarations de succession, avait créé une véritable iniquité, et malgré les critiques et les protestations les plus vives qui n'ont cessé de l'assaillir, elle a vécu un siècle.

Nos législateurs actuels ont voulu faire cesser enfin cette situation regrettable, et ils ont voté la nouvelle loi du 25 février 1901 qui, dans leur esprit, doit faire disparaître les injustices de l'ancienne, en rectifier les erreurs et mettre un terme aux abus qu'elle protégeait.

Leur intention est évidemment louable, mais il est fort douteux qu'elle atteigne le but qu'ils se sont proposé.

En effet, la nouvelle loi, mal mise à point, et votée, il faut le dire, sous l'empire de préoccupations politiques autant que dans un but philanthropique, contient des erreurs et des obscurités qui n'existeraient pas si les divers articles qui la composent avaient été l'objet d'une étude plus sérieuse, et surtout si les observations, très judicieuses parfois, de la partie modérée de notre Parlement n'avaient pas été écartées et étouffées systématiquement au cours des débats qui en ont précédé le vote.

Aujourd'hui ces erreurs, ces obscurités prêteront à bon nombre d'interprétations fantaisistes, car à plusieurs reprises, au cours de la discussion des articles, le ministre des Finances a déclaré que « ses bureaux suffiront à résoudre les diverses questions d'interprétation qui pourront s'élever » c'est-à-dire qu'ils seront à la fois juges et parties.

Il faudra en tous cas de longues années avant que son texte échappe aux solutions administratives et bureaucratiques, et soit définitivement fixé par la jurisprudence.

Un autre côté regrettable de la loi, ce sont les taxes excessives qui atteindront, en certains cas, le patrimoine, c'est-à-dire la fortune et l'épargne Françaises.

C'est qu'en effet, la loi de 1901, votée malgré l'opposition énergique de la minorité de la Chambre et du Sénat, a introduit dans notre législation le principe inquiétant de l'impôt progressif que nos législateurs actuels paraissent disposés à faire prévaloir en matière générale elle a, par ce fait, apporté un trouble profond dans les notions et les habitudes des contribuables et révolutionné leurs idées en matière fiscale.

Nous donnons ci-après le texte de la nouvelle loi, mais nous allons auparavant essayer de l'analyser très succinctement.

Elle a apporté avec elle deux réformes très opportunes :

1° La déduction des dettes de l'actif ;

2° Le calcul de la valeur de l'usufruit et de la nue propriété. Par contre, elle a modifié profondément, en les aggravant, les tarifs anciens: elle les a remaniés et a formé 7 classes d'héritiers au lieu de 6 que comportait la loi de brumaire, c'est-à-dire qu'elle a placé les frères et sœurs dans une catégorie à part, et a formé une classe particulière avec les oncles, tantes, neveux et nièces.

§ I. — Déduction des dettes.

En matière de succession les droits étaient autrefois perçus, d'après le principe posé dans la loi du 22 frimaire an VII, *sur l'actif brut* des successions, sans en déduire les dettes, quelles qu'elles fussent ; cette disposition avait pour résultat de frapper de l'impôt des valeurs dont l'héritier ne bénéficiait pas, puisque le droit de mutation était perçu sur l'actif brut total, sans aucune distraction.

Dorénavant, ce calcul ne portera que sur les biens et valeurs composant l'actif net.

En effet, aux termes de l'art 3, devront être déduites toutes les dettes dont le défunt et sa succession pourraient être tenus, quelle que soit leur nature, qu'il s'agisse de dettes civiles ou de dettes commerciales. Il n'y a donc pas à tenir compte de la nature ni de la quotité de la dette, et il n'importe pas qu'elle soit liquide ou non.

La déduction devra se faire à la seule condition que l'existence de la dette soit dûment établie et justifiée par des titres susceptibles de faire foi en justice.

Sont toutefois exceptées du bénéfice de la déduction :

1· Les dettes échues depuis plus de 3 mois avant l'ouverture de la succession, à moins qu'il ne soit produit une attestation du créancier qui en certifie l'existence à cette époque.

2· Les dettes consenties par le défunt au profit de ses héritiers ou de personnes interposées, autrement que par acte authentique, ou par acte sous seing privé enregistré avant l'ouverture de la succession ;

3· Les dettes reconnues par testament ;

4· Les dettes hypothécaires garanties par une inscription périmée depuis plus de 3 mois, à moins qu'il ne s'agisse d'une dette non échue et attestée par le créancier dans les formes de l'art. 6 ;

5· Les dettes résultant de titres passés à l'Etranger, ou de jugements y rendus, à moins qu'ils n'aient été rendus exécutoires en France ;

6· Et enfin, les dettes en principal et intérêts éteintes par la prescription.

§ II. — Calcul de la valeur de la nue propriété et de l'usufruit.

Sous le régime de la loi de l'an VII, lorsqu'une transmission à titre gratuit, soit entre vifs, soit après décès, comportait séparation de la nue propriété d'avec l'usufruit, l'ayant droit de la nue propriété était tenu d'acquitter de suite le droit sur le pied de la valeur même de l'héritage, tandis que l'usufruitier avait à payer un droit qui, suivant l'évaluation légale de la valeur de cet usufruit, était toujours égal à la moitié du droit qu'il auroit payé s'il avait recueilli la propriété intégrale, de sorte qu'en réalité le fisc s'appropriait un droit et demi, au lieu d'un droit seul qui lui était dû.

La loi du 25 février 1901, a mis fin à cet abus criant, en reconnaissant et stipulant que la nue propriété et l'usufruit ne peuvent avoir, à eux deux, que la valeur de la propriété entière, et en édictant que la valeur de ces deux éléments sera désormais déterminée distinctement suivant un barème fondé sur l'âge de l'usufruitier, et que l'impôt sera déterminé et liquidé sur la valeur actuelle et respective de ces deux éléments,

Aux termes de l'art 13, paragr. 2, si l'usufruitier a moins de 20 ans révolus, l'usufruit est estimé aux 7 dixièmes et la nue propriété aux 3 dixièmes de la valeur de la propriété entière. Au-dessus de cet âge, cette proportion est diminuée pour l'usufruit et augmentée pour la nue propriété d'un dixième pour chaque période indivise de 10 ans. A partir de 70 ans révolus, de l'âge de l'usufruitier la proportion est fixée à un 10· pour l'usufruit et à 9 dixièmes pour la nue propriété.

L'usufruit constitué pour une durée fixe est estimé aux 2 dixièmes de la valeur de la propriété entière pour chaque période de 10 ans de la durée de l'usufruit. sans fraction, et sans tenir compte, en ce dernier cas, de l'âge de l'usufruitier.

§ III. — Modification des tarifs anciens.

Les deux importantes réformes que nous venons d'analyser brièvement dans les quelques lignes précédentes, devaient avoir pour effet d'entraîner des diminutions considérables de recettes. Il a donc fallu chercher une compensation au déficit prévu. La majorité du Parlement a cru devoir adopter un système de majoration de tarifs par voie de progression limitée ; cette mesure fait la base de la nouvelle loi actuellement en vigueur.

Examinons quelles étaient les dispositions de l'ancienne loi, et comparons-les à celles du système adopté à leur place.

On sait qu'antérieurement les tarifs étaient tous proportionnels, c'est-à-dire qu'ils s'élevaient d'une manière uniforme, proportionnellement aux forces de la succession ; la quotité seule variait suivant le degré de parenté existant entre le ou les successibles et le *de cujus*.

Cette quotité allait de 1 0/0 pour les héritiers directs (fils, petits-fils, etc.) à 9 0/0 pour les personnes non parentes, mais au principal venait se joindre un droit additionnel de 2 décimes 1/2 par franc soit 25 0/0, ce qui élevait en réalité la perception totale du droit de mutation à 1 fr. 25 pour cent en ligne directe, et au maximum de 11 fr. 25 0/0 pour les personnes non parentes.

La nouvelle loi (art. 2) dit : « Les droits de mutation par décès de biens meubles ou immeubles seront dorénavant liquidés sur la part nette recueillie par chaque ayant droit, Ils seront perçus sans aucun décime pour chacune des fractions de cette part portée au tableau annexé (voir ce tableau à l'art. 2 de la loi ci-après publiée).

Cet article porte en son texte étroit les plus importantes innovations de la législation nouvelle : Calcul de la quotité du droit sur la part nette recueillie individuellement par chaque héritier, suppression des 2 décimes 1/2 qui s'ajoutaient à la perception fiscale, enfin graduation du taux de l'impôt suivant l'importance de la part recueillie par tête d'héritier.

En somme la nouvelle loi allège très légèrement les petites successions en ligne directe (0 25 cent. en moins sur les parts inférieures a 2001 fr. Par contre les collatéraux sont frappés de charges exagérées et abusives.

Ainsi les oncles et tantes arrivent à payer 13 fr. 50 0/0, les cousins germains 15 fr. 50 0/0 et les parents au-delà du 6e degré jusqu'à 18 fr. 50 0/0.

Ces chiffres se passent de commentaires.

O. Z. MIALLON, A. DRAGUET & J. MILLET

Directeurs de l'*Office Généalogique,*

NOTA. — Malgré le soin apporté à l'établissement des tarifs, droits et amendes qui précèdent, ainsi que du Barème ci-après, quelques erreurs de faits ou de chiffres peuvent s'y être glissées; si ceux de nos lecteurs qui les constateraient veulent bien nous les signaler, nous leur en serons particulièrement reconnaissants.

L'OFFICE GÉNÉALOGIQUE, 14, rue Favart, a été fondé en 1882-84.

LOI DU 25 FÉVRIER 1901

sur les droits de succession et de mutation à titre gratuit

Le *Journal Officiel* du 26 février 1901 a publié la loi portant fixation du budget général des recettes et des dépenses de l'exercice 1901. Cette loi contient relativement aux droits de mutation à titre gratuit, les dispositions suivantes :

Art. 2. — Les droits de mutation par décès de biens, meubles et immeubles, seront liquidés sur la part nette recueillie par chaque ayant-droit. Ils seront perçus, sans addition d'aucun décime, pour chacune des fractions de cette part, suivant les tarifs portés au tableau ci-après :

INDICATION des DEGRÉS DE PARENTÉ	TAUX APPLICABLES A LA FRACTION DE PART NETTE COMPRISE ENTRE							
	1 fr. et 2.000 fr.	2.001 fr. et 10.000 fr.	10.001 fr. et 50.000 fr.	50.001 fr. et 100.000 fr.	100.001 fr. et 250.000 fr.	250.001 fr. et 500.000 fr.	500.001 fr. et 1 million.	Au-dessus de 1 million.
	P. 100	P. 100	P. 100	P. 100	P. 100	P. 100	P. 100	P. 100
1· Ligne directe.	1 »	1 25	1 50	1 75	2 »	2 50	2 50	2 50
2· Entre époux.	3 75	4 »	4 50	5 »	5 50	6 »	6 50	7 »
3· Entre frères et sœurs.	8 50	9 »	9 50	10 »	10 50	11 »	11 50	12 »
4· Entre oncles ou tantes et neveux ou nièces.	10 »	10 50	11 »	11 50	12 »	12 50	13 »	13 50
5· Entre grands-oncles ou grand'tantes, petits-neveux ou petites-nièces et entre cousins germains.	12 »	12 50	13 »	13 50	14 »	14 50	15 »	15 50
6· Entre parents aux 5· et 6· degrés.	14 »	14 50	15 »	15 50	16 »	16 50	17 »	17 50
7· Entre parents au-delà du 6· degré et entre personnes non parentes.	15 »	15 50	16 »	16 50	17 »	17 50	18 »	18 50

Sont abrogées les dispositions de l'avant-dernier alinéa de l'article 53 de la loi du 28 avril 1816, concernant l'époux survivant.

Art. 3. — Pour la liquidation et le paiement des droits de mutations par décès, seront déduites les dettes à la charge du défunt, dont l'existence au jour de l'ouverture de la succession sera dûment justifiée par des titres susceptibles de faire preuve en justice contre le défunt.

S'il s'agit de dettes commerciales, l'Administration pourra exiger, sous peine de rejet, la production des livres de commerce du défunt.

Ces livres seront déposés pendant cinq jours au bureau qui reçoit la déclaration, et ils seront, s'il y a lieu, communiqués, sans déplacement, aux agents du service du contrôle pendant les deux années qui suivront la déclaration, sous peine d'une amende égale aux droits qui n'auront pas été perçus par suite de la déduction du passif.

L'Administration aura le droit de puiser dans les titres ou les livres produits, les renseignements permettant de contrôler la sincérité de la déclaration de l'actif dépendant de la succession et, en cas d'instance, la production de ces titres ou livres ne pourra être refusée.

S'il s'agit d'une dette grevant une succession dévolue à une personne pour la nue propriété et à une autre pour l'usufruit, le droit de mutation sera perçu sur l'actif de la succession diminué du montant de la dette, dans les conditions de l'article 13 ci-après.

Art. 4. — Les dettes dont la déduction sera demandée seront détaillées, article par article, dans un inventaire sur papier non timbré, qui sera déposé au bureau lors de la déclaration de la succession, et certifié par le déposant.

À l'appui de leur demande en déduction, les héritiers ou leurs représentants devront indiquer soit la date de l'acte, le nom et la résidence de l'officier public qui l'a reçu, soit la date du jugement et la juridiction dont il émane, soit la date du jugement déclaratif de la faillite ou de la liquidation judiciaire, ainsi que la date du procès-verbal des opérations de vérification et d'affirmation de créances ou du règlement définitif de distribution par contribution.

Ils devront représenter les autres titres ou en produire une copie collationnée.

Le créancier ne pourra, sous peine de dommages-intérêts, se refuser à communiquer le titre sous récépissé ou à en laisser prendre sans déplacement une copie collationnée par un notaire ou le greffier de la justice de paix. Cette copie portera la mention de sa destination ; elle sera dispensée du timbre et de l'enregistrement tant qu'il n'en sera pas fait usage soit par acte public, soit en justice ou devant toute autre autorité constituée. Elle ne rendra pas par elle-même obligatoire l'enregistrement du titre.

Art. 5. — Toute dette au sujet de laquelle l'agent de l'Administration aura jugé les justifications insuffisantes ne sera pas retranchée de l'actif de la succession pour la perception du droit, sauf aux parties à se pourvoir en restitution, s'il y a lieu, dans les deux années à compter du jour de la déclaration.

Néanmoins, toute dette constatée par acte authentique et non échue au jour de l'ouverture de la succession ne pourra être écartée par l'Administration, tant que celle-ci n'aura pas fait juger qu'elle est simulée. L'action pour prouver la simulation sera prescrite après cinq ans à compter du jour de la déclaration.

Les héritiers ou légataires seront admis, dans le délai de deux ans à compter du jour de la déclaration, à réclamer, sous les justifications prescrites à l'article 4, la déduction des dettes établies par les opérations de la faillite ou de la liquidation judiciaire, ou par le règlement définitif de la distribution par contribution postérieure à la déclaration et au remboursement des droits qu'ils auraient payés en trop.

Art. 6. — L'agent de l'Administration aura, dans tous les cas, la faculté d'exiger de l'héritier la production de l'attestation du créancier certifiant l'existence de la dette à l'époque de l'ouverture de la succession. Cette attestation, qui sera sur papier non timbré, ne pourra être refusée, sous peine de dommages-intérêts, toutes les fois qu'elle sera légitimement réclamée.

Le créancier qui attestera l'existence d'une dette déclarera, par une mention expresse, connaître les dispositions de l'article 3 relatives aux peines en cas de fausse attestation.

Art. 7. — Toutefois ne seront pas déduites :

1° Les dettes échues depuis plus de trois mois avant l'ouverture de la succession, à moins qu'il ne soit produit une attestation du créancier en certifiant l'existence. à cette époque, dans la forme et suivant les règles déterminées à l'article 6 ;

2° Les dettes consenties par le défunt au profit de ses héritiers ou de personnes interposées. Sont réputées personnes interposées, les personnes désignées dans les articles 911, dernier alinéa, et 1100 du Code civil.

Néanmoins, lorsque la dette aura été consentie par un acte authentique ou par acte sous seing privé ayant date certaine avant l'ouverture de la succession, autrement que par le décès d'une des parties contractantes, les héritiers, donataires et légataires et les personnes réputées interposées auront le droit de prouver la sincérité de cette dette et son existence au jour de l'ouverture de la succession.

3° Les dettes reconnues par testament.

4° Les dettes hypothécaires garanties par une inscription périmée depuis plus de trois mois, à moins qu'il ne s'agisse d'une dette non échue et que l'existence n'en soit attestée par le créancier dans les formes prévues à l'article 6; si l'inscription n'est pas périmée, mais si le chiffre en a été réduit, l'excédent sera seul déduit, s'il y a lieu.

5° Les dettes résultant de titres passés ou de jugements rendus à l'étranger, à moins qu'ils n'aient été rendus exécutoires en France; celles qui sont hypothéquées exclusivement sur les immeubles situés à l'étranger ; celles, enfin, qui grèvent des successions d'étrangers, à moins qu'elles n'aient été contractées en France et envers des Français ou envers des sociétés et des compagnies étrangères ayant une succursale en France.

6° Les dettes en capital et intérêts pour lesquelles le délai de prescription est accompli, à moins qu'il ne soit justifié que la prescription a été interrompue.

Art. 8. — L'inexactitude des déclarations ou attestations de dettes pourra être établie par tous les moyens de preuve admis par le droit commun, excepté le serment.

Il n'est pas dérogé en cette matière aux dispositions des articles 65 de la loi de frimaire an VII et 17 de la loi de ventôse an IX, sauf dans les instances ne comportant pas la procédure spéciale établie par ces articles.

Ar. 9. — Toute déclaration ayant indûment entraîné la déduction d'une dette sera punie d'une amende égale au triple du supplément de droit exigible, sans que cette amende puisse être inférieure à 500 fr. sans décimes.

Le prétendu créancier qui en aura faussement attesté l'existence sera tenu solidairement avec le déclarant au paiement de l'amende et en supportera définitivement le tiers.

Art. 10. — L'action en recouvrement des droits et amendes exigibles par suite de l'inexactitude d'une attestation ou déclaration de dettes se prescrit par cinq ans à partir de la déclaration de la succession,

Art. 11. — L'article 3 de la loi du 21 juin 1875 est modifié ainsi qu'il suit :

La valeur de la propriété des biens meubles est déterminée, pour la liquidation et le paiement du droit de mutation par décès ;

1° Par l'estimation contenue dans les inventaires ou autres actes passés dans les deux années du décès ;

2° Par le prix exprimé dans les actes de vente, lorsque cette vente a lieu publiquement et dans les deux années qui suivent le décès. Cette disposition s'applique aux objets inventoriés et estimés conformément au paragraphe 1er et dont l'évaluation serait inférieure au prix de vente;

3° A défaut d'inventaire, d'actes ou de vente, en prenant pour base 33 0/0 de l'évaluation faite dans les polices d'assurances en cours au jour du décès et souscrites par le défunt ou ses auteurs moins de cinq ans avant l'ouverture de la succession, sauf preuve contraire. Cette disposition ne s'applique pas aux polices d'assurances concernant les récoltes, les bestiaux et les marchandises.

4° Enfin, à défaut de toutes les bases d'évaluations établies aux trois paragraphes précédents, par la déclaration faite conformément au paragraphe 8 de l'article 14 de la loi du 22 frimaire an VII.

L'insuffisance dans l'estimation des biens déclarés sera punie d'un droit en sus, si elle résulte d'un acte antérieur à la déclaration. Si, au contraire l'acte est postérieur à cette déclaration, il ne sera perçu qu'un droit simple sur la différence existant entre l'estimation des parties et l'évalution contenue aux actes.

Les dispositions qui précèdent ne sont applicables ni aux créances ni aux rentes, actions, obligations, effets publics et autres biens meubles dont la valeur et le mode d'évaluation sont déterminés par des lois spéciales.

Les dispositions des deux derniers paragraphes de l'article 8 de la loi du 28 février 1872 sont applicables aux déclarations comprenant des fonds de commerce ou des clientèles dépendant de la succession.

Art. 12. — Les droits de mutation à titre gratuit, entre vifs et par décès, seront liquidés sur la valeur vénale en ce qui concerne les immeubles dont la destination actuelle n'est pas de procurer un revenu. Les insuffisances d'évaluation en valeur vénale seront constatées par voie d'expertise, s'il y a lieu, et réprimées selon les règles actuellement en vigueur.

Art. 13. — La valeur de la nue propriété et de l'usufruit des biens meubles et immeubles est déterminée pour la liquidation et le paiement des droits, ainsi qu'il suit, savoir :

1· Pour les transmissions à titre onéreux de biens autres que créances, rentes ou pensions, par le prix exprimé, en y ajoutant toutes les charges en capital, sauf application des articles 17 de la loi du 22 frimaire an VII et 13 de celle du 23 août 1871 ;

2. Pour les échanges et pour les transmissions entre vifs à titre gratuit ou celles qui s'opèrent par décès des mêmes biens, par une évaluation faite de la manière suivante : si l'usufruitier a moins de vingt ans révolus, l'usufruit est estimé aux sept dixièmes et la nue propriété aux trois dixièmes de la nue propriété entière, telle qu'elle doit être évaluée d'après les règles sur l'enregistrement. Au-dessus de cet âge, cette proportion est diminuée pour l'usufruit et augmentée pour la nue propriété d'un dixième par chaque période de dix ans, sans fraction. A partir de soixante-dix ans révolus de l'âge de l'usufruitier, la proportion est fixée à un dixième pour l'usufruit et à neuf dixièmes pour la nue propriété. Pour déterminer la valeur de la nue propriété, il n'est tenu compte que des usufruits ouverts au jour de la mutation de cette nue propriété.

Toutefois, dans le cas d'usufruits successifs, l'usufruit éventuel venant à s'ouvrir, le nu-proprétaire aura droit à la restitution d'une somme égale à ce qu'il aurait payée en moins si le droit acquitté par lui avait été calculé d'après l'âge de l'usufruitier éventuel; mais cette restitution aura lieu dans les limites seulement du droit dû par celui-ci. L'action en restitution ouverte au profit du nu propriétaire se prescrit par deux ans à compter du jour du décès du précédent usufruitier.

L'usufruit constitué pour une durée fixe est estimé aux deux dixièmes de la valeur de la propriété entière pour chaque période de dix ans de la durée de l'usufruit, sans fraction et sans égard à l'âge de l'usufruitier;

3· Pour les créances à terme, les rentes perpétuelles ou non perpétuelles et les pensions créées ou transmises à quelque titre que ce soit, et pour l'amortissement de ces rentes ou pensions, par une quotité de la valeur de la propriété entière, établie suivant les règles indiquées au paragraphe précédent, d'après le capital déterminé par les paragraphes 2, 7 et 0 de l'article 14 de la loi du 22 frimaire an VII.

Il n'est rien dû pour la réunion de l'usufruit à la propriété lorsque cette réunion a eu lieu par le décès de l'usufruitier ou l'expiration du temps fixé pour la durée de l'usufruit.

Art. 14. — Les actes de déclarations régis par les dispositions des deux derniers paragraphes de l'article 13 feront connaître la date et le lieu de la naissance de l'usufruitier, et si la naissance est arrivée hors de France ou d'Algérie, il sera, en outre, justifié de cette date avant l'enregistrement; à défaut de quoi il sera perçu les droits les plus élevés qui pourrait être dus au Trésor, sauf restitution du trop perçu dans le délai de deux ans sur la représentation de l'acte de naissance, dans le cas où la naissance aurait eu lieu, hors de France ou d'Algérie.

L'indication inexacte de la date de naissance de l'usufruitier sera passible, à titre d'amende, d'un droit en sus égal au supplément de droit simple exigible. Le droit le plus élevé deviendra exigible si l'inexactitude de déclaration porte sur le lieu de naissance, sauf restitution si la date de naissance est reconnue exacte.

Art. 15. — L'article 25 de la loi du 8 juillet 1852 est modifié ainsi qu'il suit :

Le transfert ou la mutation au grand-livre de la dette publique d'une inscription de rentes provenant de titulaires décédés ou déclarés absents ne pourra être effectué que sur la présentation d'un certificat délivré sans frais par le receveur de l'enregistrement, constatant l'acquittement du droit de mutation par décès.

Il en sera de même pour les transferts ou conversions de titres nominatifs des sociétés, départements, communes et établissements publics.

Les sociétés ou compagnies, agents de change, changeurs, banquiers, escompteurs, officiers publics ou ministériels ou agents d'affaires qui seraient dépositaires, détenteurs ou débiteurs de titres, sommes ou valeurs dépendant d'une succession qu'ils sauraient ouverte, devront adresser, soit avant le paiement, la remise ou le transfert, soit dans la quinzaine qui suivra ces opérations au directeur de l'Enregistrement du département de leur résidence, la liste de ces titres, sommes ou valeurs. Il en sera donné récépissé.

Ces listes seront établies sur des formules imprimées, délivrées sans frais par l'administration de l'Enregistrement.

Les Compagnies françaises d'assurances sur la vie et les succursales établies en France des Compagnies étrangères ne pourront se libérer des sommes, rentes ou émoluments quelconques dus par elles à raison du décès de l'assuré à des bénéficiaires autres que le conjoint survivant ou les successibles en ligne directe, si ce n'est sur la présentation d'un certificat délivré sans frais par le receveur de l'enregistrement, dans la forme indiquée au premier alinéa du présent article, et constatant soit l'acquittement, soit la non-exigibilité de l'impôt de mutation par décès, à moins qu'elles ne préfèrent retenir, pour la garantie du Trésor, et conserver jusqu'à la présentation du certificat au receveur, une somme égale au montant de l'impôt calculé sur les sommes, rentes ou émoluments par elles dus.

L'article 6 de la loi du 21 juin 1875 n'est pas applicable lorsque l'assurance a été contractée à l'étranger et que l'assuré n'avait en France, à l'époque de son décès, ni domicile de fait, ni domicile de droit.

Quiconque aura contrevenu aux dispositions du présent article sera personnellement tenu des droits et pénalités exigibles, sauf recours contre le redevable, et passible, en outre, d'une amende de 500 francs en principal.

Art. 16. — Les mutations par décès seront enregistrées au bureau du domicile du décédé, quelle que soit la situation des valeurs mobilières ou immobilières à déclarer.

A défaut de domicile en France, la déclaration sera passée au bureau du lieu de décès ou, si le décès n'est pas survenu en France, à ceux des bureaux qui seront désignés par l'Administration.

Les héritiers, légataires ou donataires, leurs tuteurs ou curateurs, seront tenus, comme par le passé, de souscrire une déclaration détaillée et de la signer sur la formule créée par l'article 11 de la loi du 6 décembre 1897. Toutefois, en ce qui concerne les immeubles situés dans la circonscription de bureaux autres que celui où est passée la déclaration, le détail sera présenté non dans cette déclaration, mais distinctement, pour chaque bureau de la situation des biens, sur une formule fournie par l'Administration et signée par le déclarant.

Art. 17. — Lorsqu'il y aura lieu de requérir l'expertise d'un immeuble ou d'un corps de domaine ne formant qu'une seule exploitation, situé dans le ressort de plusieurs tribunaux, la demande en sera portée au tribunal de première instance dans le ressort duquel se trouve le chef-lieu de l'exploitation ou, à défaut de chef-lieu, la partie des biens représentant le plus grand revenu d'après la matrice du rôle.

Les experts et le cas échéant, le tiers experts prêteront serment devant le juge de paix du canton dans lequel se trouve le chef-lieu de l'exploitation ou à défaut de chef-lieu, la partie des biens présentant le plus grand revenu d'après la matrice du rôle. Le tiers expert sera nommé par ce juge de paix, si les experts ne peuvent en convenir. Les dispositions de l'article 18 de la loi du 22 frimaire an VII non contraires au présent article sont maintenues.

Art. 18. — Les droits d'enregistrement des donations entre vifs de biens meubles ou immeubles sont affranchis de tout décime; ils seront perçus selon les quotités ci-après, et la formalité de la transcription au bureau du conservateur de hypothèques ne donnera plus lieu à aucun droit proportionnel autre que la taxe établie par la loi du 27 juillet 1900 ;

En ligne directe :

1· Pour les donations portant partage, faites conformément aux articles 1075 et 1076 du Code civil, par les père et mère ou autres ascendants entre leurs enfants ou descendants, un franc soixante-dix centimes par cent francs (1 fr. 70 0/0) ;

2· Pour les donations faites par contrat de mariage aux futurs, deux francs par cent francs (2 0/0) ;

3· Pour les donations autres que celles désignées aux deux numéros précédents, trois francs cinquante centimes par cent francs (3 fr. 50 0/0) ;

Entre époux ;

Par contrat de mariage, trois francs cinquante centimes par cent francs (3.50 0/0) ;

Hors contrat de mariage, cinq francs par cent francs (5 0/0) ;

En ligne collatérale :

Entre frères et sœurs :

Par contrat de mariage aux futurs, sept francs par cent francs (7 0/0) ;

Hors contrat de mariage, neuf francs par cent francs (9 0/0) ;

Entre oncles ou tantes et neveux ou nièces :

Par contrat de mariage, huit francs par cent francs (8 0/0) ;

Hors contrat de mariage, dix francs par cent francs (10 0/0) ;

Entre grands-oncles ou grand'tantes et petits-neveux ou petites-nièces et entre cousins germains :

Par contrat de mariage, neuf francs par cent francs (9 0/0) ;

Hors contrat de mariage, onze francs par cent francs (11 0/0) ;

Entre parents au 5· et au 6· degré ;

Par contrat de mariage, dix francs par cent francs (10 0/0) ;

Hors contrat de mariage, douze francs par cent francs (12 0/0) ;

Entre parents au-delà du 6· degré et entre personnes non parentes ;

Par contrat de mariage, onze francs par cent francs (11 0/0) ;

Hors contrat de mariage, treize francs cinquante centimes par cent francs (13.50 0/0).

Art. 19. — Sont soumis à un droit de neuf francs (9 0/0), sans addition de décimes, les dons et legs faits aux départements et aux communes, en tant qu'ils sont affectés par la volonté expresse du donateur à des œuvres d'assistance, ainsi que les dons et legs faits aux établissements publics charitables et hospitaliers, aux Sociétés de secours mutuels et à toutes autres Sociétés reconnues d'utilité publique dont les ressources sont affectées à des œuvres d'assistance.

Il sera statué sur le caractère de bienfaisance de la disposition par le décret rendu en Conseil d'Etat ou l'arrêté préfectoral qui en autorisera l'acceptation.

Sont également soumis à un droit de neuf francs pour cent francs (9 0/0), sans addition de décimes, les dons et legs faits aux Sociétés d'instruction et d'éducation populaires gratuites reconnues d'utilité publique et subventionnées par l'Etat.

A l'égard de tous les biens légués aux départements et à tous les autres établissements publics ou d'utilité publique, le délai pour le paiement des droits de mutation par décès ne courra contre les héritiers ou légataires saisis de la succession qu'à compter du jour où l'autorité compétente aura statué sur la demande en autorisation d'accepter le legs sans que le paiement des droits puisse être différé au-delà de deux années à compter du jour du décès.

Cette disposition ne porte pas atteinte à l'exercice du privilège que l'article 32 de la loi du 22 frimaire au VII accorde au Trésor sur les revenus des biens à déclarer.

Art. 20. — La taxe établie par l'article 5 de la loi du 21 juin 1875 sur les lots payés aux créanciers et aux porteurs d'obligations, effets publics et tous autres titres d'emprunt, est fixée à huit pour cent (8 0/0).

Il n'est pas innové en ce qui concerne les droits applicables aux primes de remboursement.

Art. 21. — Le droit fixe prévu par l'article 34 § 4 de la loi du 28 avril 1816 cessera d'être exigible pour toute réunion de l'usufruit à la propriété, opérée par acte de cession, dont le principal ne dépassera par deux mille francs (2,000 fr.)

Art. 22. — Les formules créées par l'article 11 de la loi du 6 décembre 1897 pour les déclarations de mutation par décès seront délivrées aux déclarants moyennant paiement de cinq centimes par feuille double et de deux centimes et demi par feuille simple.

Lois modifiées par celle du 25 février 1901 :
1° Loi du 22 frimaire au VII.
2° Loi du 15 novembre 1808.
3° Loi du 28 avril 1816.
4° Loi du 21 avril 1832.
5° Loi du 21 juin 1875.
6° Loi du 6 décembre 1897.

NOUVELLE LOI SUR LES SUCCESSIONS

BARÈME pour le Calcul des nouveaux Droits de Mutation

(Établi et Édité par l'OFFICE GÉNÉALOGIQUE, RUE FAVART, 14, PARIS, 2e.)

MONTANT des SOMMES IMPOSABLES	EN LIGNE DIRECTE	ENTRE Époux	ENTRE Frères et Sœurs	ENTRE Oncles, Tantes, Neveux et Nièces	ENTRE Grands-Oncles, Grandes-Tantes, Petits-Neveux, Petites-Nièces et Cousins germains	ENTRE Parents aux 5e et 6e degrés	ENTRE Parents au-delà du 6e degré (et entre personnes non parentes)
	(1) FR. C.	(2) FR. C.	(3) FR. C.	(4) FR. C.	(5) FR. C.	(6) FR. C.	(7) FR. C.

1re Section. — De 20 francs à 2,000 francs

MONTANT	(1)	(2)	(3)	(4)	(5)	(6)	(7)
20	0 20	0 75	1 70	2 »	2 40	2 80	3 »
40	0 40	1 50	3 40	4 »	4 80	5 60	6 »
60	0 60	2 25	5 10	6 »	7 20	8 40	9 »
80	0 80	3 »	6 80	8 »	9 60	11 20	12 »
100	1 »	3 75	8 50	10 »	12 »	14 »	15 »
200	2 »	7 50	17 »	20 »	24 »	28 »	30 »
300	3 »	11 25	25 50	30 »	36 »	42 »	45 »
400	4 »	15 »	34 »	40 »	48 »	56 »	60 »
500	5 »	18 75	42 50	50 »	60 »	70 »	75 »
600	6 »	22 50	51 »	60 »	72 »	84 »	90 »
700	7 »	26 25	59 50	70 »	84 »	98 »	105 »
800	8 »	30 »	68 »	80 »	96 »	112 »	120 »
900	9 »	33 75	76 50	90 »	108 »	126 »	135 »
1.000	10 »	37 50	85 »	100 »	120 »	140 »	150 »
2.000	20 »	75 »	170 »	200 »	240 »	280 »	300 »

2e Section. — De 2,020 francs à 10,000 francs

MONTANT	(1)	(2)	(3)	(4)	(5)	(6)	(7)
2.020	20 25	75 80	171 80	202 10	242 50	282 90	303 10
2.040	20 50	76 60	173 60	204 20	245 »	285 80	306 20
2.060	20 75	77 40	175 40	206 30	247 50	288 70	309 30
2.080	21 »	78 20	177 20	209 40	250 »	291 60	312 40
2.100	21 25	79 »	179 »	210 50	252 50	294 50	315 50
2.200	22 50	83 »	188 »	221 »	265 »	309 »	331 »
2.300	23 75	87 »	197 »	231 50	277 50	323 50	346 50
2.400	25 »	91 »	206 »	242 »	290 »	338 »	362 »
2.500	26 25	95 »	215 »	252 50	302 50	352 50	377 50
2.600	27 50	99 »	224 »	263 »	315 »	367 »	393 »
2.700	28 75	103 »	233 »	273 50	327 50	381 50	408 50
2.800	30 »	107 »	242 »	284 »	340 »	396 »	424 »
2.900	31 25	111 »	251 »	294 50	352 50	410 50	439 50
3.000	32 50	115 »	260 »	303 »	365 »	425 »	455 »
4.000	45 »	155 »	359 »	410 »	490 »	570 »	610 »
5.000	57 50	195 »	449 »	515 »	615 »	715 »	765 »
6.000	70 »	235 »	539 »	620 »	740 »	860 »	920 »
7.000	82 50	275 »	629 »	725 »	865 »	1.005 »	1.075 »
8.000	95 »	315 »	710 »	830 »	990 »	1.150 »	1.230 »
9.000	107 50	355 »	800 »	935 »	1.115 »	1.295 »	1.385 »
10.000	120 »	395 »	890 »	1.040 »	1.240 »	1.440 »	1.540 »

3e Section. — De 10,020 francs à 50,000 francs

MONTANT	(1)	(2)	(3)	(4)	(5)	(6)	(7)
10.020	120 30	395 90	891 90	1.042 20	1.242 60	1.448 »	1.548 20
10.040	120 60	396 80	893 80	1.044 40	1.245 20	1.446 »	1.546 40
10.060	120 90	397 70	895 70	1.046 60	1.247 80	1.449 »	1.549 60
10.080	121 20	398 60	897 60	1.048 80	1.250 40	1.452 »	1.552 80
10.100	121 50	399 50	899 50	1.051 »	1.253 »	1.455 »	1.556 »
10.200	123 »	404 »	909 »	1.062 »	1.266 »	1.470 »	1.572 »
10.300	124 50	408 50	918 50	1.073 »	1.279 »	1.485 »	1.588 »
10.400	126 »	413 »	928 »	1.084 »	1.292 »	1.500 »	1.604 »
10.500	127 50	417 50	937 50	1.095 »	1.305 »	1.515 »	1.620 »
10.600	129 »	422 »	947 »	1.106 »	1.318 »	1.530 »	1.636 »
10.700	130 50	426 50	956 50	1.117 »	1.331 »	1.545 »	1.652 »
10.800	132 »	431 »	966 »	1.128 »	1.344 »	1.560 »	1.668 »
10.900	133 50	435 50	975 50	1.139 »	1.357 »	1.575 »	1.684 »
11.000	135 »	440 »	985 »	1.150 »	1.370 »	1.590 »	1.700 »
12.000	150 »	485 »	1.080 »	1.260 »	1.500 »	1.740 »	1.860 »
13.000	165 »	530 »	1.175 »	1.370 »	1.630 »	1.890 »	2.020 »
14.000	180 »	575 »	1.270 »	1.480 »	1.760 »	2.040 »	2.180 »
15.000	195 »	620 »	1.365 »	1.590 »	1.890 »	2.190 »	2.340 »
16.000	210 »	665 »	1.460 »	1.700 »	2.020 »	2.340 »	2.500 »
	(1)	(2)	(3)	(4)	(5)	(6)	(7)

MONTANT des SOMMES IMPOSABLES	EN LIGNE DIRECTE	ENTRE Époux	ENTRE Frères et Sœurs	ENTRE Oncles, Tantes, Neveux et Nièces	ENTRE Grands-Oncles, Grandes-Tantes, Petits-Neveux, Petites-Nièces et Cousins germains	ENTRE Parents aux 5e et 6e degrés	ENTRE Parents au-delà du 6e degré (et entre personnes non parentes)
	(1)	(2)	(3)	(4)	(5)	(6)	(7)
	FR. C.	FR. C.	FR. C.	FR. C.	FR. C.	FR. C.	FR. C.
17.000	225 »	710 »	1.555 »	1.810 »	2.150 »	2.490 »	2.660 »
18.000	240 »	755 »	1.650 »	1.920 »	2.280 »	2.640 »	2.820 »
19.000	255 »	800 »	1.745 »	2.030 »	2.410 »	2.790 »	2.980 »
20.000	270 »	845 »	1.840 »	2.140 »	2.540 »	2.940 »	3.140 »
30.000	420 »	1.295 »	2.790 »	3.240 »	3.840 »	4.440 »	4.740 »
40.000	570 »	1.745 »	3.740 »	4.340 »	5.140 »	5.940 »	6.340 »
50.000	720 »	2.195 »	4.690 »	5.440 »	6.440 »	7.440 »	7.940 »

4e Section. — De 50,020 francs à 100,000 francs

MONTANT des SOMMES IMPOSABLES	EN LIGNE DIRECTE	ENTRE Époux	ENTRE Frères et Sœurs	ENTRE Oncles, Tantes, Neveux et Nièces	ENTRE Grands-Oncles, etc.	ENTRE Parents aux 5e et 6e degrés	ENTRE Parents au-delà du 6e degré
	FR. C.	FR. C.	FR. C.	FR. C.	FR. C.	FR. C.	FR. C.
50.020	720 35	2.196 »	4.692 »	5.442 30	6.442 70	7.443 10	7.943 30
50.040	720 70	2.197 »	4.694 »	5.444 60	6.445 40	7.446 20	7.946 60
50.060	721 05	2.198 »	4.696 »	5.446 90	6.448 10	7.449 30	7.949 90
50.080	721 40	2.199 »	4.698 »	5.449 20	6.450 80	7.452 40	7.953 20
50.100	721 75	2.200 »	4.700 »	5.451 50	6.453 50	7.455 50	7.956 50
50.200	723 50	2.205 »	4.710 »	5.463 »	6.467 »	7.471 »	7.973 »
50.300	725 25	2.210 »	4.720 »	5.474 50	6.480 50	7.486 50	7.989 50
50.400	727 »	2.215 »	4.730 »	5.486 »	6.494 »	7.502 »	8.006 »
50.500	728 75	2.220 »	4.740 »	5.497 50	6.507 50	7.517 50	8.022 50
50.600	730 50	2.225 »	4.750 »	5.509 »	6.521 »	7.533 »	8.039 »
50.700	732 25	2.230 »	4.760 »	5.520 50	6.534 50	7.548 50	8.055 50
50.800	734 »	2.235 »	4.770 »	5.532 »	6.548 »	7.564 »	8.072 »
50.900	735 75	2.240 »	4.780 »	5.543 50	6.561 50	7.579 50	8.088 50
51.000	737 50	2.245 »	4.790 »	5.555 »	6.575 »	7.595 »	8.105 »
52.000	755 »	2.295 »	4.890 »	5.670 »	6.710 »	7.750 »	8.270 »
53.000	772 50	2.345 »	4.990 »	5.785 »	6.845 »	7.905 »	8.435 »
54.000	790 »	2.395 »	5.090 »	5.900 »	6.980 »	8.060 »	8.600 »
55.000	807 50	2.445 »	5.190 »	6.015 »	7.115 »	8.215 »	8.765 »
56.000	825 »	2.495 »	5.290 »	6.130 »	7.250 »	8.370 »	8.930 »
57.000	842 50	2.545 »	5.390 »	6.245 »	7.385 »	8.525 »	9.095 »
58.000	860 »	2.595 »	5.490 »	6.360 »	7.520 »	8.680 »	9.260 »
59.000	877 50	2.645 »	5.590 »	6.475 »	7.655 »	8.835 »	9.425 »
60.000	895 »	2.695 »	5.690 »	6.590 »	7.790 »	8.990 »	9.590 »
70.000	1.070 »	3.195 »	6.690 »	7.740 »	9.140 »	10.540 »	11.240 »
80.000	1.245 »	3.695 »	7.690 »	8.890 »	10.490 »	12.090 »	12.890 »
90.000	1.420 »	4.195 »	8.690 »	10.040 »	11.840 »	13.640 »	14.540 »
100.000	1.595 »	4.695 »	9.690 »	11.190 »	13.190 »	15.190 »	16.190 »

5e Section. — De 100,020 francs à 250,000 francs

MONTANT des SOMMES IMPOSABLES	EN LIGNE DIRECTE	ENTRE Époux	ENTRE Frères et Sœurs	ENTRE Oncles, Tantes, Neveux et Nièces	ENTRE Grands-Oncles, etc.	ENTRE Parents aux 5e et 6e degrés	ENTRE Parents au-delà du 6e degré
	FR. C.	FR. C.	FR. C.	FR. C.	FR. C.	FR. C.	FR. C.
100.020	1.595 40	4.696 10	9.692 10	11.192 40	13.192 80	15.193 20	16.193 40
100.040	1.595 80	4.697 20	9.694 20	11.194 80	13.195 60	15.196 40	16.196 80
100.060	1.596 20	4.698 30	9.696 30	11.197 20	13.198 40	15.199 60	16.200 20
100.080	1.596 60	4.699 40	9.698 40	11.199 60	13.201 20	15.202 80	16.203 60
100.100	1.597 »	4.700 50	9.700 50	11.202 »	13.204 »	15.206 »	16.207 »
100.200	1.599 »	4.706 »	9.711 »	11.214 »	13.218 »	15.222 »	16.224 »
100.300	1.601 »	4.711 50	9.721 50	11.226 »	13.232 »	15.238 »	16.241 »
100.400	1.603 »	4.717 »	9.732 »	11.238 »	13.246 »	15.254 »	16.258 »
100.500	1.605 »	4.722 50	9.742 50	11.250 »	13.260 »	15.270 »	16.275 »
100.600	1.607 »	4.728 »	9.753 »	11.262 »	13.274 »	15.286 »	16.292 »
100.700	1.609 »	4.733 50	9.763 50	11.274 »	13.288 »	15.302 »	16.309 »
100.800	1.611 »	4.739 »	9.774 »	11.286 »	13.302 »	15.318 »	16.326 »
100.900	1.613 »	4.744 50	9.784 50	11.298 »	13.316 »	15.334 »	16.343 »
101.000	1.615 »	4.750 »	9.795 »	11.310 »	13.330 »	15.350 »	16.360 »
102.000	1.635 »	4.805 »	9.900 »	11.430 »	13.470 »	15.510 »	16.580 »
103.000	1.655 »	4.860 »	10.005 »	11.550 »	13.610 »	15.670 »	16.700 »
104.000	1.675 »	4.915 »	10.110 »	11.670 »	13.750 »	15.830 »	16.870 »
105.000	1.695 »	4.970 »	10.215 »	11.790 »	13.890 »	15.990 »	17.040 »
106.000	1.715 »	5.025 »	10.320 »	11.910 »	14.030 »	16.150 »	17.210 »
107.000	1.735 »	5.080 »	10.425 »	12.030 »	14.170 »	16.310 »	17.380 »
108.000	1.755 »	5.135 »	10.530 »	12.150 »	14.310 »	16.470 »	17.550 »
109.000	1.775 »	5.190 »	10.635 »	12.270 »	14.450 »	16.630 »	17.720 »
110.000	1.795 »	5.245 »	10.740 »	12.390 »	14.590 »	16.790 »	17.890 »
120.000	1.995 »	5.795 »	11.790 »	13.590 »	15.990 »	18.390 »	19.590 »
130.000	2.195 »	6.345 »	12.840 »	14.790 »	17.390 »	19.990 »	21.290 »
140.000	2.395 »	6.895 »	13.890 »	15.990 »	18.790 »	21.590 »	22.990 »
150.000	2.595 »	7.445 »	14.940 »	17.190 »	20.190 »	23.190 »	24.690 »
160.000	2.795 »	7.995 »	15.990 »	18.390 »	21.590 »	24.790 »	26.390 »
170.000	2.995 »	8.545 »	17.040 »	19.590 »	22.990 »	26.390 »	28.090 »
180.000	3.195 »	9.095 »	18.090 »	20.790 »	24.390 »	27.990 »	29.790 »
190.000	3.395 »	9.645 »	19.140 »	21.990 »	25.790 »	29.590 »	31.490 »
200.000	3.595 »	10.195 »	20.190 »	23.190 »	27.190 »	31.190 »	33.190 »
250.000	4.595 »	12.945 »	25.440 »	29.190 »	34.190 »	39.190 »	41.690 »
	(1)	(2)	(3)	(4)	(5)	(6)	(7)

MONTANT des SOMMES IMPOSABLES	EN LIGNE DIRECTE	ENTRE Époux	ENTRE Frères et Sœurs	ENTRE Oncles, Tantes, Neveux et Nièces	ENTRE Grands-Oncles, Grandes-Tantes, Petits-Neveux, Petites-Nièces et Cousins germains	ENTRE Parents aux 5e et 6e degrés	ENTRE Parents au-delà du 6e degré (et entre personnes non parentes)
6e Section. — De 250,020 francs à 500,000 francs							
	(1)	(2)	(3)	(4)	(5)	(6)	(7)
	FR. C.	FR. C.	FR. C.	FR. C.	FR. C.	FR. C.	FR. C.
250.020	4.595 50	12.946 20	25.442 20	29.192 50	34.192 90	39.193 30	41.693 50
250.040	4.596 »	12.947 40	25.444 40	29.195 »	34.195 80	39.196 60	41.697 »
250.060	4.596 50	12.948 60	25.446 60	29.197 50	34.198 70	39.199 90	41.700 50
250.080	4.597 »	12.949 80	25.448 80	29.200 »	34.201 60	39.203 20	41.704 »
250.100	4.597 50	12.951 »	25.451 »	29.202 50	34.204 50	39.206 50	41.707 50
250.200	4.600 »	12.957 »	25.462 »	29.215 »	34.219 »	39.223 »	41.725 »
250.300	4.602 50	12.963 »	25.473 »	29.227 50	34.233 50	39.239 50	41.742 50
250.400	4.605 »	12.969 »	25.484 »	29.240 »	34.248 »	39.256 »	41.760 »
250.500	4.607 50	12.975 »	25.495 »	29.252 50	34.262 50	39.272 50	41.777 50
250.600	4.610 »	12.981 »	25.506 »	29.265 »	34.277 »	39.289 »	41.795 »
250.700	4.612 50	12.987 »	25.517 »	29.277 50	34.291 50	39.305 50	41.812 50
250.800	4.615 »	12.993 »	25.528 »	29.290 »	34.306 »	39.322 »	41.830 »
250.900	4.617 50	12.999 »	25.539 »	29.302 50	34.320 50	39.338 50	41.847 50
251.000	4.620 »	13.005 »	25.550 »	29.315 »	34.335 »	39.355 »	41.865 »
252.000	4.645 »	13.065 »	25.660 »	29.440 »	34.480 »	39.520 »	42.040 »
253.000	4.670 »	13.125 »	25.770 »	29.565 »	34.625 »	39.685 »	42.215 »
254.000	4.695 »	13.185 »	25.880 »	29.690 »	34.770 »	39.850 »	42.390 »
255.000	4.720 »	13.245 »	25.990 »	29.815 »	34.915 »	40.015 »	42.565 »
256.000	4.745 »	13.305 »	26.100 »	29.940 »	35.060 »	40.180 »	42.740 »
257.000	4.770 »	13.365 »	26.210 »	30.065 »	35.205 »	40.345 »	42.915 »
258.000	4.795 »	13.425 »	26.320 »	30.190 »	35.350 »	40.510 »	43.090 »
259.000	4.820 »	13.485 »	26.430 »	30.315 »	35.495 »	40.675 »	43.265 »
260.000	4.845 »	13.545 »	26.540 »	30.440 »	35.640 »	40.840 »	43.440 »
270.000	5.095 »	14.145 »	27.640 »	31.690 »	37.090 »	42.490 »	45.190 »
280.000	5.345 »	14.745 »	28.740 »	32.940 »	38.540 »	44.140 »	46.940 »
290.000	5.595 »	15.345 »	29.840 »	34.190 »	39.990 »	45.790 »	48.690 »
300.000	5.845 »	15.945 »	30.940 »	35.440 »	41.440 »	47.440 »	50.440 »
400.000	8.345 »	21.945 »	41.940 »	47.940 »	55.940 »	63.940 »	67.940 »
500.000	10.845 »	27.945 »	52.940 »	60.440 »	70.440 »	80.440 »	85.440 »

7e Section. — De 500,020 francs à 1,000,000 de francs							
	FR. C.	FR. C.	FR. C.	FR. C.	FR. C.	FR. C.	FR. C.
500.020	10.845 50	27.946 30	52.942 30	60.442 60	70.443 »	80.443 40	85.443 60
500.040	10.846 »	27.947 60	52.944 60	60.445 20	70.446 »	80.446 80	85.447 20
500.060	10.846 50	27.948 90	52.946 90	60.447 80	70.449 »	80.450 20	85.450 80
500.080	10.847 »	27.950 20	52.949 20	60.450 40	70.452 »	80.453 60	85.454 40
500.100	10.847 50	27.951 50	52.951 50	60.453 »	70.455 »	80.457 »	85.458 »
500.200	10.850 »	27.958 »	52.963 »	60.466 »	70.470 »	80.474 »	85.476 »
500.300	10.852 50	27.964 »	52.974 50	60.479 »	70.485 »	80.491 »	85.494 »
500.400	10.855 »	27.971 »	52.986 »	60.492 »	70.500 »	80.508 »	85.512 »
500.500	10.857 50	27.977 50	52.997 50	60.505 »	70.515 »	80.525 »	85.530 »
500.600	10.860 »	27.981 10	53.009 »	60.518 »	70.530 »	80.542 »	85.548 »
500.700	10.862 50	27.990 50	53.020 50	60.531 »	70.545 »	80.559 »	85.566 »
500.800	10.865 »	27.997 »	53.032 »	60.544 »	70.560 »	80.576 »	85.584 »
500.900	10.867 50	28.003 50	53.043 50	60.557 »	70.575 »	80.593 »	85.602 »
501.000	10.870 »	28.010 »	53.055 »	60.570 »	70.590 »	80.610 »	85.620 »
502.000	10.895 »	28.075 »	53.170 »	60.700 »	70.740 »	80.780 »	85.800 »
503.000	10.920 »	28.140 »	53.285 »	60.830 »	70.890 »	80.950 »	85.980 »
504.000	10.945 »	28.205 »	53.400 »	60.960 »	71.040 »	81.120 »	86.160 »
505.000	10.970 »	28.270 »	53.515 »	61.090 »	71.190 »	81.290 »	86.340 »
506.000	10.995 »	28.335 »	53.630 »	61.220 »	71.340 »	81.460 »	86.520 »
507.000	11.020 »	28.400 »	53.745 »	61.350 »	71.490 »	81.630 »	86.700 »
508.000	11.045 »	28.465 »	53.860 »	61.480 »	71.640 »	81.800 »	86.880 »
509.000	11.070 »	28.530 »	53.975 »	61.610 »	71.790 »	81.970 »	87.060 »
510.000	11.095 »	28.595 »	54.090 »	61.740 »	71.940 »	82.140 »	87.240 »
520.000	11.345 »	29.245 »	55.240 »	63.040 »	73.440 »	83.840 »	89.040 »
530.000	11.595 »	29.895 »	56.390 »	64.340 »	74.940 »	85.540 »	90.840 »
540.000	11.845 »	30.545 »	57.540 »	65.640 »	76.440 »	87.240 »	92.640 »
550.000	12.095 »	31.195 »	58.690 »	66.940 »	77.940 »	88.940 »	94.440 »
560.000	12.345 »	31.845 »	59.840 »	68.240 »	79.440 »	90.640 »	96.240 »
570.000	12.595 »	32.495 »	60.990 »	69.540 »	80.940 »	92.340 »	98.040 »
580.000	12.845 »	33.145 »	62.140 »	70.840 »	82.440 »	94.040 »	99.840 »
590.000	13.095 »	33.795 »	63.290 »	72.140 »	83.940 »	95.740 »	101.640 »
600.000	13.345 »	34.445 »	64.440 »	73.440 »	85.440 »	97.440 »	103.440 »
700.000	15.845 »	40.945 »	75.940 »	86.440 »	100.440 »	114.440 »	121.440 »
800.000	18.345 »	47.445 »	87.440 »	99.440 »	115.440 »	131.440 »	139.440 »
900.000	20.845 »	53.945 »	98.940 »	112.440 »	130.440 »	148.440 »	157.440 »
1.000.000	23.345 »	60.445 »	110.440 »	125.440 »	145.440 »	165.440 »	175.440 »
	(1)	(2)	(3)	(4)	(5)	(6)	(7)

MONTANT des SOMMES IMPOSABLES	EN LIGNE DIRECTE	ENTRE Époux	ENTRE Frères et Sœurs	ENTRE Oncles, Tantes, Neveux et Nièces	ENTRE Grands-Oncles, Grandes-Tantes, Petits-Neveux, Petites-Nièces et Cousins germains	ENTRE Parents aux 5e et 6e degrés	ENTRE Parents au-delà du 6e degré (et entre personnes non parentes)
	1	2	3	4	5	6	7
	FR. C.	FR. C.	FR. C.	FR. C.	FR. C.	FR. C.	FR. C.

8e Section. — De 1,000,020 francs à 10,000,000 de francs

MONTANT des SOMMES IMPOSABLES	EN LIGNE DIRECTE	ENTRE Époux	ENTRE Frères et Sœurs	ENTRE Oncles, Tantes, Neveux et Nièces	ENTRE Grands-Oncles, etc.	ENTRE Parents aux 5e et 6e degrés	ENTRE Parents au-delà du 6e degré
1.000.020	23.345 50	60.446 40	110.442 40	125.442 70	145.443 10	165.443 50	175.443 70
1.000.040	23.346 »	60.447 80	110.444 80	125.445 40	145.446 20	165.447 »	175.447 40
1.000.060	23.346 50	60.449 20	110.447 20	125.448 10	145.449 30	165.450 50	175.451 10
1.000.080	23.347 »	60.450 60	110.449 60	125.450 80	145.452 40	165.454 »	175.454 80
1.000.100	23.347 50	60.452 »	110.452 »	125.453 50	145.455 50	165.457 50	175.458 50
1.000.200	23.350 »	60.459 »	110.464 »	125.467 »	145.471 »	165.475 »	175.477 »
1.000.300	23.352 50	60.466 »	110.476 »	125.480 50	145.486 50	165.492 50	175.495 50
1.000.400	23.355 »	60.473 »	110.488 »	125.494 »	145.502 »	165.510 »	175.514 »
1.000.500	23.357 50	60.480 »	110.500 »	125.507 50	145.517 50	165.527 50	175.532 50
1.000.600	23.360 »	60.487 »	110.512 »	125.521 »	145.533 »	165.545 »	175.551 »
1.000.700	23.362 50	60.494 »	110.524 »	125.534 50	145.548 50	165.562 50	175.569 50
1.000.800	23.365 »	60.501 »	110.536 »	125.548 »	145.564 »	165.580 »	175.588 »
1.000.900	23.367 50	60.508 »	110.548 »	125.561 50	145.579 50	165.597 50	175.606 50
1.001.000	23.370 »	60.515 »	110.560 »	125.575 »	145.595 »	165.615 »	175.625 »

MODE D'EMPLOI DU BARÊME

Supposons une succession dévolue à trois cousins germains : L'émolument total étant, net, de 76,660 francs, la part nette de chacun sera donc de 25,220 francs et sera assujettie à la taxe indiquée à la 2e section (10,000 à 50,000) 5e colonne.

Pour faire ce décompte, prendre successivement ;

1° La taxe appliquée à 20,000 (2e section, 5e colonne)... 2.540 »
2° Celle appliquée à 15,000, moins 10,000, soit.. 650 »
3° Celle appliquée à 10,200, moins 10,000, soit.. 26 »
4° Celle appliquée à 10,020, moins 10,000, soit.. 2 60

Le droit à payer sur 25,220 fr. nets sera donc de.................... 3.218 60

Nota. — Malgré nos soins, il peut s'être glissé quelques erreurs dans ce barème ; nous serons très reconnaissants à ceux qui les constateraient de nous les signaler (Office généalogique, 14, rue Favart, Paris).

www.ingramcontent.com/pod-product-compliance
Lightning Source LLC
Chambersburg PA
CBHW061244060726
47596CB00002B/436